Gemüse

ANTONIO CARLUCCIO

Fotos von Laura Edwards

GERSTENBERG

INHALT

WURZEL-
GEMÜSE
Seiten 92–133

KRÄUTER, GEWÜRZE
UND NÜSSE
Seiten 224–257

Mittlerweile habe ich 24 Bücher über die italienische Küche verfasst – eines davon auch über italienisches Gemüse. Manche Leser mögen sich vielleicht fragen, warum ich das Thema in diesem Buch wieder aufgreife. Doch die Welt der Genüsse hält stets neue Entdeckungen bereit.

Ein gewisses Basiswissen in Sachen Gemüse erlangte ich schon sehr früh in meinem Leben. Meine Eltern hatten nicht viel Geld und wir waren viele Geschwister. Daher war das Sammeln »kostenloser« Lebensmittel in der freien Natur ein großer Teil unseres wöchentlichen, sogar täglichen, Alltags. Sehr früh – wahrscheinlich schon vor meinem sechsten Lebensjahr – lernte ich, Wildkräuter wie wilden *Ruçola*, Löwenzahn, Spargel, Senf und Raps zu unterscheiden. Die Möglichkeit, damit meinen eigenen Beitrag zum Familienessen zu leisten, erfüllte mich mit großem Stolz. Die Bedeutung dieser frühkindlichen Nahrungsbeschaffung, die in mir eine lebenslange Leidenschaft für Wildgemüse weckte, wurde mir vor nicht allzu langer Zeit wieder vor Augen geführt: Ende 2015 besuchte ich Australien, um dort eine TV-Serie über die kulturellen Aspekte der Küche der Ureinwohner zu drehen. Bei der Zusammenarbeit mit Richard Walley, dem Stammesältesten der Noongar, entdeckte ich in mir eine tief empfundene Nostalgie, als ich ihn und die anderen beobachten durfte, wie sie gemeinsam die in der Wildnis gesammelte Nahrung zubereiteten – Nahrung, von der ihr Leben abhing. Die Mitglieder dieses Nomadenvolks entnahmen der Natur jeweils nur so viel, wie sie gerade benötigten. Somit stellten sie sicher, dass sie bei einer späteren Rückkehr an dieselbe Stelle wieder genug zum Essen finden würden. Sie gehen dabei nach derselben Methode vor, nach der auch ich Wildpilze sammle – sehr vorsichtig, damit neues Wachstum für die darauffolgende Saison gewährleistet ist.

Im Laufe einiger Jahrhunderte hat sich Italien von einem Land, dessen Nahrungsmittel ausschließlich der Lebenserhaltung dienen, zu einer Nation entwickelt, deren Küche für viele Menschen weltweit der In-

begriff von Genuss ist. Die italienischen Gemüsegerichte sind welt-
berühmt, und italienische Züchter sind für die Entwicklung vieler der
weltweit bekanntesten Gemüsesorten verantwortlich: Beispiele hierfür
sind die kalabrische Brokkolisorte *Calabrese*, viele Erbsen und Schoten,
Schwarzkohl (*Cavolo nero*), Fenchel und Artischocken. Waren diese
neuen Zutaten erst einmal gezüchtet, standen die Küchenchefs und
Köche vor der Herausforderung, herauszufinden, wie sie sich am besten
zubereiten ließen. Die Zubereitung von Gemüse in Italien ist grundsätzlich recht einfach und stützt sich hauptsächlich auf den Geschmack
der jeweiligen Zutat, der im Gericht vorherrschen sollte. Zudem ist die
italienische Küche von den Einflüssen und der Kultur der Menschen
geprägt, die die Jahrhunderte hindurch Italien bevölkert, erobert und
beeinflusst haben – die Römer und Griechen, die Araber und die
Franzosen.

In der kulinarischen Tradition Italiens spielt Gemüse eine bedeutende
Rolle und ist – ebenso wie in vielen weiter östlich liegenden Ländern –
oftmals anstelle teurer Eiweißquellen wie Fleisch das Herzstück eines
Gerichts. Viele der Gemüsesorten, die wir heute zu uns nehmen, haben
eine spannende Reise aus weit entfernten Teilen der Welt hinter sich und
gelangten durch kühne Entdecker nach Italien. Hierzu gehören zahlreiche Früchte, Samen, Wurzeln, Knospen, Blätter und Stängel von Pflanzen, die alle ihr besonderes Aroma, verschiedene Texturen, Farben,
Kocheigenschaften und gesundheitliche Vorzüge besitzen. Vor einigen
Jahrhunderten, im Jahr 1611, verfasste der in England lebende Italiener
Giacomo Castelvetro das Buch »*Eine kurze Darstellung der Früchte,
Kräuter und des Gemüses in Italien*«. Sein Ziel war es, die Briten davon
zu überzeugen, mehr Obst und Gemüse zu sich zu nehmen. Ich denke,
ich tue Ähnliches, wenn ich meinen Lesern den Genuss von delikatem,
schmackhaftem Gemüse und die zahlreichen Möglichkeiten seiner Zu-
bereitung näher zu bringen versuche. Ich hoffe, es ist mir mit diesem
Buch gelungen. In diesem Sinne: *Buon appetito*!

GRÜNGEMÜSE

Angesichts der Vielfalt dessen, was wir lapidar als »Grüngemüse« bezeichnen, erlaube ich mir, dieses Kapitel in mehrere Abschnitte und Unterabschnitte zu unterteilen. Mutter Natur beliefert uns mit einer immensen Auswahl an Gemüsesorten, und die Italiener machen aus fast allen etwas. Vielleicht die umfassendste Kategorie ist die Klasse der Blattgemüse, die so zahlreich sind, dass ich sie nochmals unterteilt habe: in Sorten wie Spinat, die man üblicherweise gekocht verzehrt, und solche wie Kopfsalat oder Brunnenkresse, die man für gewöhnlich roh in Salaten genießt. Grüngemüse umfasst außerdem diejenigen Gemüsesorten, die ich hier als »Samen und Schoten« bezeichne – also Hülsenfrüchte wie Bohnen und Erbsen sowie »Stängel und Sprossen«, zu denen etwa Spargel und Artischocken gehören. Und schließlich ist da noch die große Familie der Brassica mit ihren zahlreichen Mitgliedern wie Weißkohl, Rosenkohl, Blumenkohl und Brokkoli … All diese Gemüsesorten fallen in diese Kategorie, und alle sind, auf italienische Art zubereitet, einfach köstlich.

BLATTGEMÜSE

Viele der hier genannten Gemüsesorten werden fast ausschließlich in Italien gegessen, wobei immer mehr davon inzwischen auch andernorts erhältlich sind. Je nach ihren jeweiligen klimatischen Ansprüchen lassen sich die meisten Blattgemüsesorten auch im heimischen Garten anbauen.

Barba di frate (Mönchsbart) beispielsweise, ein Gemüse, das in Italien auch unter dem Namen *Agretti* bekannt ist, wächst in Büscheln von langen, dünnen Blättern, die aussehen wie dicker Schnittlauch. Die Blätter schmecken allerdings nicht zwiebelartig, sondern eher nussig-salzig. Das Gemüse gehört zu den Salzkräutern. Es sieht aus wie fleischiger Seetang und wächst hauptsächlich an der Meeresküste. Sein lateinischer Name lautet *Salsola soda*. Früher wurde es wie andere Seegräser auch verbrannt, um daraus Kaliumcarbonat (Pottasche) für die Seifen- und Glasherstellung zu gewinnen. Außerhalb von Italien habe ich es noch nie im Handel gesehen, obwohl es eigentlich in ganz Europa wild wächst und man die Samen – allerdings vorwiegend bei italienischen Händlern – auch kaufen kann. Die gründlich gewaschenen Blätter werden kurz gekocht oder gedämpft und wie Spargel oder Meerfenchel mit einem Dressing aus Öl und Zitronensaft serviert. Man kann sie auch sautieren oder braten, etwa mit Tomaten oder mit Paniermehl und Butter. *Barba di frate* ist im Ausland kaum bekannt, doch in Italien ist es während seiner Saison im späten Frühling sehr begehrt.

Auch Zichorien mit ihrem leicht bitteren Geschmack werden in Italien – vor allem in Süditalien – sehr geschätzt. Es gibt verschiedene Sorten, und außerhalb Italiens am bekanntesten ist wohl der **Chicoree**. Seine spitz zulaufenden, dichtblättrigen blassgelben Köpfe sind eigentlich der Trieb, der lichtgeschützt aus der Zichorienwurzel herauswächst. Das Gemüse wurde im frühen 19. Jahrhundert von einem belgischen Gärtner entdeckt und als *Witloof* (Niederländisch für »weißes Laub«) bezeichnet, weshalb es in Italien auch *Cicoria belga* genannt wird. Eigentlich handelt es sich dabei nicht um eine italienische Gemüsesorte, doch in Italien ist sie sehr beliebt – ob roh als Salat genossen, geschmort mit Knoblauch, Kapern und Tomaten als Gemüsebeilage oder als knusprig gebratene Polentaküchlein (siehe Seite 46) zubereitet.

Die meisten Zichorien aber sind lose Köpfe aus krausen Blättern, bekannt als Endivien, Frisee, Batavia, Eskariol und *Catalogna*. Die **Krausblättrige Endivie** oder **Frisée** (*Indivia riccia*) hat lange, dünne, dicht wachsende dunkelgrüne, fransige Blätter, die an ihren Vorfahren, den Löwenzahn, erinnern. Bei der glatten Endivie, auch **Eskariol** oder **Batavia** genannt, wachsen die Blätter weniger dicht, sind aber breiter und glatter als bei der krausblättrigen Endivie und in der Mitte des Kopfes deutlich heller. In Italien lieben wir Eskariol, und er wird überall angebaut. Die Außenblätter werden als Gemüse gegart, die inneren Blätter hingegen in Salaten verwendet. Frisée-Endivien werden genauso zubereitet.

Catalogna ist eine weitere Zichorienart, die es bisher allerdings fast nur in Italien gibt. Sie wächst in buschigen Bündeln aus langen Blättern, die aussehen wie Löwenzahn. Auf italienischen Märkten wird sie oft nur als »*Cicoria*« bezeichnet. Eine *Catalogna*-Sorte erweitert das übliche Verwendungsspektrum: Sie wurde aus dem ursprünglichen Salat weitergezüchtet und enthält die sogenannten **Puntarelle** (»kleine Spitzen«). Die Pflanze ähnelt anderen Zichorienarten, doch in der Mitte der äußeren Blätter befinden sich kleine hellgrüne Knospen und Triebe. Sie sehen aus wie dicke Spargelspitzen und sind gegart unglaublich zart. Meist werden *Puntarelle* zu Julienne geschnitten und in Wasser gelegt, damit sich die feinen Streifen einrollen – und um ihnen möglichst viele Bitterstoffe zu entziehen. Gegessen werden sie gekocht oder roh, etwa als Salat mit einem Dressing aus Anchovis, Knoblauchöl und Essig (siehe Seite 33). Von diesem Gemüse werden Sie in Zukunft sicher noch einiges hören. *Cicorietta* und Löwenzahn sind enge Verwandte und werden hauptsächlich in Salaten verwendet (siehe Seite 86).

Radicchio spielt in der Welt der italienischen Blattgemüse eine wichtige Rolle. Es gibt drei Sorten dieser wundervollen dunkelroten Köpfe: Der kugelförmige **Chioggia-Radicchio** stammt aus der gleichnamigen Kleinstadt im Süden Venedigs. Die hübschen rot-weißen Blätter dieser Gemüsesorte werden meist für Salate, Wraps oder Saucen verwendet. **Treviso-Radicchio**, eine Spezialität aus Treviso (nördlich von Venedig), wird aufgrund seiner länglichen Form auch *Spadone* (»großes Schwert«) genannt. Er ist im Winter erhältlich und hat lange, süßlich schmeckende Blätter.

Hervorragend eignet er sich für Salate, aber auch zum Grillen und als Zutat für Pastasaucen und Risotto. **_Castelfranco-Radicchio_** hingegen hat einen runden Kopf aus dekorativen gelblichen, rot getupften Blättern und ist wegen seines milden Geschmacks eine wunderbare Salatzutat (mehr dazu im Abschnitt »Blattsalate«).

Italienischer **Spinat** (_Spinacio_) hat feste, sehr krause Blätter und sollte daher mehrmals unter fließendem Wasser gewaschen werden. Spinat ist extrem vielseitig und kann für viele Gerichte verwendet werden – ob für Suppen, als Gemüsebeilage oder Püree sowie als Füllung für Pasta (_Ravioli_, _Cannelloni_ etc.), Pies und Tartes. Die kleinen, jungen Blätter lassen sich auch gut roh in Salaten verzehren. Spinat ist eines der meistverwendeten Grüngemüse Italiens, vor allem in der Toskana, wo Spinatgerichte meist den Zusatz »_a la fiorentina_« tragen (und zwar, so heißt es, weil Katharina von Medici, die Florenz verließ, um den König von Frankreich zu heiraten, Spinat besonders gern aß.)

Mangold (_Coste_) kann recht hoch wachsen und erinnert an langstieligen Romanasalat. Es handelt sich hierbei jedoch um eine Kulturform der Rübe (_Beta vulgaris_) mit zwei Unterarten: Stiel- und Schnittmangold. Letztere trägt den Beinaman »Cicla« – der botanische Name der Planze lautet _Beta vulgaris_ var. _cicla_, abgeleitet vom lateinischen _Sicula_, »aus Sizilien«, wo die Pflanze vermutlich ihren Ursprung hat.

Sie weist zwei essbare Teile auf: die Blätter und die breiten Blattstiele oder -rippen, die auf verschiedene Weise zubereitet werden. Das Grün wird wie Spinat oder anderes Blattgemüse verwendet, die härteren Teile der Pflanze können als Gemüse gedünstet, gegrillt oder auch paniert und gebraten werden. Ihre Wildsorte namens **_Erbette_** wächst in den Hügeln Liguriens. Ihre Blätter werden – in einer als _Preboggion_ bekannten Mischung – meist als Füllung für die regionale Raviolispezialität _Pansóti_ verwendet. (Siehe auch die Abschnitte »Blattsalate« sowie »Stängel und Sprossen«.)

KOHL

Die botanische Familie der Brassica umfasst eine Vielzahl an Gemüsesorten, die über alle Regionen Italiens hinweg beliebt sind. Kohl wird vor allem im Winter gerne gegessen, meist in Form deftiger traditioneller Bauerngerichte. Diese haben inzwischen auch die moderne Küche erobert, wurden allerdings stark angepasst, um sie sowohl optisch als auch geschmacklich »salonfähig« zu machen.

Weißkohl (_Cavolo_) ist eine der ältesten Gemüsesorten überhaupt und schon seit Jahrtausenden bekannt. Die Wildform des Gemüsekohls bildete keine Herzen oder Köpfe.

Eine Zuchtform von *B. oleracea* bildete einen Kopf aus teils lose, teils dicht wachsenden Blättern, woraus sich dann sowohl der blaugrüne, krausblättrige Wirsingkohl (*Cavolo verza*) als auch der bekannte kugelrunde, dichtblättrige Weißkohl (*Cavolo cappuccio*) entwickelt hat. Der Wirsing hat lose, krause Blätter. Die Außenblätter werden häufig blanchiert und zum Umwickeln verschiedener Füllungen verwendet, während die helleren Innenblätter wie andere Kohlsorten zubereitet werden. Ich erinnere mich daran, dass ich als Teenager in Zeiten, als Nahrungsmittel oft recht knapp waren, gelegentlich Kohl von einem benachbarten Feld »borgte«. Wir machten daraus Salat mit Essig und Öl und aßen ihn mit Brot zum Nachmittagstee. Aber die beste Art, Wirsing zuzubereiten, ist für mich eine Suppe aus altbackenem Brot, *Fontina*, Parmesan, Butter und Brühe (siehe Seite 45).

Weißkohl, der einen Kopf aus dichten Blättern bildet, kann sehr groß werden und wird auf verschiedenste Arten zubereitet, etwa fermentiert als Sauerkraut (*Krauti*), das die Deutschen, Österreicher und Norditaliener so lieben. Dafür wird fein geschnittener Weißkohl in großen Holzfässern vergoren und danach meist gekocht und als Beilage zu Fleisch serviert. Sauerkraut ist auch die Hauptzutat des französischen Klassikers *Choucroûte garnie*, ein Gericht aus fermentiertem Weißkohl und allen möglichen Sorten Schweinefleisch. Das deutsche Original ist die sogenannte Schlachtplatte, die traditionell nach dem Schweineschlachten im Winter auf den Tisch kam. In Italien, mit Ausnahme des Nordostens, isst man Weißkohl als Gemüse und in Suppen.

Rotkohl (*Cavolo rosso*) ist ein dichtblättriger Kopf, der – manche sagen, bereits im 16. Jahrhundert – von Grün auf Rot umgezüchtet wurde. Ich verwende ihn gerne wegen seiner schönen Farbe und des dekorativen Musters, das entsteht, wenn man ihn aufschneidet. Roh in Salaten mag ich ihn nicht – obwohl ihn viele gerne auf diese Weise zubereitet essen. Doch gekocht mit etwas Essig und Zucker ist er köstlich, vor allem zu Schweinebraten oder, noch besser, zu gebratener Gans. Ich gebe für gewöhnlich einige Rosinen hinzu, die nach dem Kochen süß und saftig sind.

Erweitert wird die Palette der Kohlfarben durch den Schwarz- oder Palmkohl, *Cavolo nero*. Die Sorte wurde in den 1960er-Jahren in Italien gezüchtet, und ihre dunklen tiefgrünen, krausen Blätter, die an langen Stielen wachsen, sind groß in Mode. Vor allem in der Toskana sind sie beliebt, wo sie die Hauptrolle in der Brot- und Kohlsuppe *Ribollita* spielen, die, am nächsten Tag aufgewärmt, sogar noch besser schmeckt.

Manche Kohlsorten haben Köpfe aus losen Blättern mit teils recht bitterem Geschmack. Dazu gehören Grünkohl und Blattkohl, der im amerikanischen Süden

besonders beliebt ist. Es gibt Sorten, die bereits zu Frühlingsbeginn geerntet werden. Frühkohl und junger Blattkohl sind meist sehr zart und werden als Gemüse gedünstet oder gekocht oder in Suppen verwendet. Wilder Meerkohl, auf den ich kurz auf Seite 28 eingehe, ist ein maritimes Mitglied der Kohlfamilie.

Rosenkohl (*Cavolini di Bruxelles*) – der aussieht wie Miniaturkohlköpfe – gehört ebenfalls zur selben Familie. Die Sprossen und auch die Blätter sind essbar, und obwohl sie in Italien nicht allzu häufig Verwendung finden, verdienen sie doch, erwähnt zu werden. Ein enger Verwandter sind Kohlröschen (oder »Kalettes«), eine Entdeckung des 21. Jahrhunderts. Die hübschen grün-violetten Mini-Kohlköpfe sind eine Kreuzung aus Rosenkohl und Grünkohl.

Der Ursprung der Brassica-Sorten **Blumenkohl** und **Brokkoli** liegt im Dunkeln, aber Blumenkohl war in Italien bereits Ende des 15. Jahrhunderts bekannt. Vermutlich wurde er von den Mauren aus dem Nahen Osten eingeführt. Brokkolihybriden wurden hingegen erst in den letzten Jahrhunderten gezüchtet. **Blumenkohl** (*Cavolfiore*) ist eine Kohlsorte, die man blühen lässt, wobei sich die Blüten jedoch nicht über das Knospenstadium hinaus entwickeln. Die engstehenden Knospen bilden einen Kopf aus kleinen weißen »Röschen«, umschlossen von essbaren, weißkohlähnlichen Blättern. Blumenkohl ist ein äußerst vielseitiges Gemüse. Taucht man die weich gekochten Röschen in einen Ausbackteig aus Eiern und Mehl und frittiert sie, erhält man köstliche Fritters. Sie lassen sich aber auch gut pürieren. In meiner Familie kam auch die Kombination von Blumenkohl und Pasta häufig auf den Tisch. Meine Mutter bereitete den Blumenkohl so zu, dass er eine saucenähnliche Konsistenz hatte. Blumenkohl schmeckt aber auch roh, in Salaten oder zum Dippen sehr gut. Hervorragend ist er paniert und gebraten in einem *Fritto misto* oder als eingelegtes Gemüse in einer *Insalata di rinforzo* (ein neapolitanischer Blumenkohlsalat).

Romanesco-Brokkoli ist trotz seines Namens ein Blumenkohlhybride. Sein hellgrüner, spitz zulaufender Kopf besteht aus vielen Röschen in der Form kleiner Pyramiden. Seine schöne Farbe bleibt auch nach dem Kochen erhalten. Man verwendet ihn nicht nur für Suppen und Cremes, sondern auch in Salaten, sautiert oder gekocht, mit Zitrone und Öl. Sprossenbrokkoli ist eigentlich gar kein Brokkoli, sondern ein Blumenkohl mit dunkelvioletten Röschen, die sich beim Garen grün färben.

Brokkoli ist die wohl beliebteste und feinste Kohlsorte von allen. Der Brokkoli, so vermutet man, entwickelte sich aus seinem weißen Verwandten, dem Blumenkohl. Beide bestehen aus Stielen mit eng zusammenstehenden Blütenknospen, die Köpfe bilden. Es gibt verschiedene Formen von Brokkoli, die meisten stammen aus Italien. Der Sprossenbrokkoli war wahrscheinlich der Erste: Er hat lange Stiele mit separaten kleinen Köpfen oder Röschen. Diese Röschen können grün, violett oder weiß sein. Violetter Sprossenbrokkoli verliert beim Garen zwar seine Farbe, schmeckt aber dennoch köstlich, etwa gebraten mit Knoblauch, Chili und Öl als Gemüsegericht oder als Beilage. Eine weitere Form ist der *Broccoli calabrese* (übersetzt »Brokkoli aus Kalabrien«), der einen großen, kompakten blaugrünen Kopf bildet. Er wird vor allem im Süden gerne für Pastasaucen verwendet, kann aber auch in Suppen oder als Gemüsebeilage verarbeitet werden. *Brokkolini* oder *Tenderstem*-Brokkoli (»Tenderstem« ist inzwischen eine Handelsmarke) ist eine Kreuzung zwischen Brokkoli und *Kai-lan*, auch bekannt als chinesischer Brokkoli.

Stängelkohl oder *Cima di rapa* – wörtlich »Rübenspitzen« – wird in Italien auch als *Rapi* oder *Rapini* bezeichnet, in Neapel als *Friarielli* oder *Broccoli di rapa* und in Rom als *Broccoletti*. Trotz des brokkoliähnlichen Aussehens und der entsprechenden Namensgebung handelt es sich dabei aber nicht um eine Brokkolisorte, sondern um eine Rübenart (*Brassica napus*), eine enge Verwandte der Speiserübe. (Die Speiserübe wird zwar oft zum Wurzelgemüse gezählt, ist jedoch eigentlich eine Kohlsorte. Ihr botanischer Name lautet *Brassica rapa rapa*.) *Cima di rapa* wird ähnlich verwendet wie Sprossenbrokkoli und ist im Süden Italiens sehr beliebt.

Kohlrabi, die »Kohlrübe« (*Cavolo rapa*), ist wohl die Brassica-Sorte mit dem eigentümlichsten Aussehen. Das runde, rübenartige Gemüse (eigentlich eine Sprossknolle aus der Wurzel) erinnert an einen Sputnik mit Blattstielen und ist entweder grün (im Sommer) oder violett (im Herbst und Winter). Das Gemüse wird geschält und roh oder gekocht gegessen. Die Blätter können wie Grünkohl gekocht werden.

Und dann gibt es da noch die jungen Brassica-Sprossen, die im Frühjahr auf den Feldern wachsen und die ich besonders liebe. Es handelt sich dabei um die Triebe der Senfpflanze. Ich ernte die Blüten, noch bevor sie sich öffnen und ganze Landstriche mit ihrem herrlichen Gelb überziehen. Sie sind wirklich köstlich, aber man sollte sie nur pflücken, solange sie noch ungespritzt sind. Ich esse sie gedünstet mit knuspriger Polenta – ein wahrer Genuss! Noch früher im Jahr kann man auch die ganz jungen Blätter, die sogenannten Senfsprossen, essen.

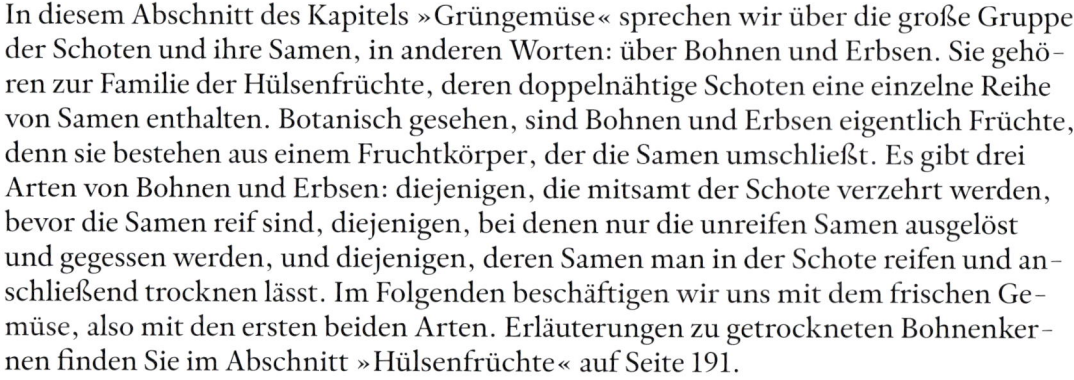

SCHOTEN UND SAMEN

In diesem Abschnitt des Kapitels »Grüngemüse« sprechen wir über die große Gruppe der Schoten und ihre Samen, in anderen Worten: über Bohnen und Erbsen. Sie gehören zur Familie der Hülsenfrüchte, deren doppelnähtige Schoten eine einzelne Reihe von Samen enthalten. Botanisch gesehen, sind Bohnen und Erbsen eigentlich Früchte, denn sie bestehen aus einem Fruchtkörper, der die Samen umschließt. Es gibt drei Arten von Bohnen und Erbsen: diejenigen, die mitsamt der Schote verzehrt werden, bevor die Samen reif sind, diejenigen, bei denen nur die unreifen Samen ausgelöst und gegessen werden, und diejenigen, deren Samen man in der Schote reifen und anschließend trocknen lässt. Im Folgenden beschäftigen wir uns mit dem frischen Gemüse, also mit den ersten beiden Arten. Erläuterungen zu getrockneten Bohnenkernen finden Sie im Abschnitt »Hülsenfrüchte« auf Seite 191.

Zu den vielleicht interessantesten historischen Fakten über Bohnen gehört, dass sie während des sogenannten Kolumbianischen Austauschs vom amerikanischen Kontinent aus zu uns gelangten. Bevor Kolumbus die Neue Welt entdeckte, war die Dicke Bohne oder Ackerbohne die einzige in Europa bekannte Bohnensorte. Die neuen Pflanzen in all ihrer großen Vielfalt – darunter grüne Bohnen, Augen-, *Cannellini*-, *Borlotti*-, Lima- und schwarze Bohnen – wurden begeistert aufgenommen, denn sie waren wohlschmeckend, leicht anzubauen und man konnte sie sogar trocknen, was bedeutete, dass sie das ganze Jahr über verfügbar waren. Bohnen waren ein beliebtes Nahrungsmittel unter den ärmeren Bevölkerungsschichten. Heute jedoch, gerade im Rahmen der Wiederentdeckung der bäuerlichen Küche, tauchen sie auch auf den Speisekarten hochklassiger Restaurants auf.

Als Erstes möchte ich über jene Bohnen sprechen, die wegen ihrer frischen Schoten geschätzt und im Allgemeinen als »grüne Bohnen« bezeichnet werden. Wobei diese Bezeichnung eigentlich irreführend ist, da es sie in den verschiedensten Farben gibt. Zu diesen »grünen« Bohnen (*Fagiolini verdi*) oder Gartenbohnen gehören die **Buschbohnen** mit ihren runden Hülsen und die **Stangenbohnen** (*Fagiolini taccole* oder *romano*), die flache Hülsen aufweisen. Man isst sie, solange die Hülsen noch jung und zart sind, denn später in der Saison werden sie zu trocken und holzig. Lässt man die Bohnenschoten jedoch weiterreifen, entstehen wundervolle verschiedenfarbige Bohnenkerne, die später gepalt und frisch gekocht oder auch getrocknet werden können.

Eine mit etwa 30 Zentimetern besonders lange Grüne-Bohnen-Sorte ist die ursprünglich aus Asien stammende **Spargelbohne**. Wir bauen sie vor allem im Süden Italiens oft an. Eine weitere Bohnensorte, die wir sehr schätzen, sind die **Wachsbohnen**, die eigentlich genauso aussehen und schmecken wie grüne Bohnen. Die Hülsen sind jedoch cremefarben mit winzigen limettengrünen Bohnenkernen.

Grüne Bohnen sollten noch jung verzehrt werden, wenn die Schoten noch sehr zart sind. Die meisten grünen Bohnen sind inzwischen so gezüchtet, dass sie fadenfrei sind, man muss den Faden an der Seite der Hülse nicht mehr abziehen. Nach dem Kochen nehmen diese hellgrünen Bohnen oft eine trüb-olivgrüne Farbe an. Das liegt daran, dass das Chlorophyll der Bohnen im Kochwasser mit Säuren reagiert. Daher sollten Sie grüne Bohnen immer in reichlich Wasser kochen, um die Säuren abzumildern. Garen Sie sie außerdem ohne Deckel, damit die Säuren verdampfen können. Ich bereite alle genannten Bohnensorten am liebsten in einer Sauce aus Tomaten, Knoblauch und Basilikum zu und serviere sie mit Brot als Vorspeise.

Unter den Bohnen, von denen man nur die aus den Hülsen ausgelösten »Samen« verzehrt, ist in Italien – vor allem in Norditalien – die *Borlotti*-**Bohne** die beliebteste Sorte. Im Spätsommer ist sie auch frisch erhältlich. Die Bohnenkerne sind beige mit violetten Tupfen oder Streifen und werden nach dem Kochen braun. Als Kind musste ich oft beim Enthülsen von Borlotti-Bohnen helfen, wenn es *Minestrone*, *Pasta e fagioli* (Bohnensuppe mit Nudeln) oder *Fagioli in insalata* (Bohnensalat) mit Zwiebeln und Thunfisch gab.

Cannellini-**Bohnen** sind die zweitbeliebteste Bohnensorte Italiens, vor allem in der Toskana, man isst sie meist getrocknet (siehe Seite 191).

Die Kerne der **Dicken Bohne** oder Ackerbohne werden ebenfalls ausgelöst und frisch zubereitet. (Wenn man sie selbst anbaut, kann man auch die Hülsen mitessen, vorausgesetzt, man erntet sie zeitig, siehe Seite 70.) In Italien isst man die gepalten Bohnenkerne meist roh und sehr jung, in Apulien etwa zu frischem Pecorino, Brot und einem guten Glas Wein. Etwas ältere Dicke Bohnen kann man kurz kochen und aus den grünen Häutchen herausdrücken, damit der glänzende grüne Samenkern zum Vorschein kommt. Frisch findet man Dicke Bohnen oft zusammen mit Erbsen, Zwiebeln und Artischocken in der sizilianischen *Frittedda*, einem wunderbaren Frühlingsgemüseeintopf. Die amerikanischen Lima-Bohnen sind enge Verwandte der Dicken Bohnen und werden auf dieselbe Art zubereitet.

Die **Edamame-Bohne** (*Fagiolo soia*) ist eine unreife Sojabohne, die in der Schote gegart wird. Die Bohnen werden mit Meersalz bestreut und gegessen, indem man sie direkt aus der Schote saugt. Diese Bohnen findet man oft in japanischen Restaurants. Sie haben eine schöne hellgrüne Farbe und einen nussigen Geschmack. Für einen Salat kann man die ausgelösten Bohnenkerne auch mit Zwiebeln und Thunfisch kombinieren.

Die **Erbse** ist als Gemüse schon seit Urzeiten bekannt. In getrockneter Form diente sie in der Antike als wertvolle Proteinquelle. **Gartenerbsen** (*Piselli*), die frisch verzehrt werden, gibt es in Italien erst seit dem 16. Jahrhundert. Die Erbsenschoten besaßen im Inneren eine ungenießbare Pergamentschicht, weshalb die Erbsen immer aus den Hülsen gelöst wurden. Es dauerte noch mindestens ein Jahrhundert, bis man Erbsen ohne diese Innenhaut gezüchtet hatte. Die **Kaiserschote**, in Italien *Taccole* genannt, kann man mitsamt der Schote essen – daher die französische Bezeichnung »*Mangetout*« oder der italienische Name »*Mangiatutto*«, zu Deutsch »Iss alles«. Sie wird geerntet, solange die Schote noch flach ist, also bevor die Erbsen heranwachsen. **Zuckererbsen** werden in einem späteren Wachstumsstadium verzehrt. Auch sie kann man vollständig – einschließlich der Schote – essen. Sie sind noch süßer als die anderen Sorten. All diese Erbsenarten schmecken am besten gedünstet mit Tomaten oder einfach nur gekocht mit etwas Butter.

Die Erbse ist – sowohl frisch als auch getrocknet – in fast allen Küchen der Welt zu finden. Wegen ihres süßen Geschmacks esse ich die Erbsen aus meinem Garten auch gerne roh. In Supermärkten und Gemüseläden sind sie leider oft nicht ganz so zart, da sie dort länger lagern. Deshalb verwende ich manchmal auch tiefgekühlte Erbsen. Hier kann man immerhin sicher sein, dass sie wirklich süß sind. Schließlich werden sie gleich nach der Ernte eingefroren. Tiefkühlerbsen sind Gartenerbsen, die in einem frühen Entwicklungsstadium gepflückt werden. *Risi e bisi*, das berühmte Risotto aus Venedig, besteht aus Reis und Erbsen. Zu den zahlreichen italienischen Erbsengerichten zählen *Frittata di piselli* (Erbsen-Omelett), *Pasta e piselli* (Nudeln mit Erbsen), *Piselli al prosciutto* (Erbsen mit Schinken), *Zuppa di piselli* (Erbsensuppe) und *Piselli e patate* (Erbsen und Kartoffeln).

STÄNGEL UND SPROSSEN

Stängel, Stiele und Sprossen entwickeln sich direkt aus der Wurzel der Gemüsepflanzen, es sind also die Teile der Pflanze, die oberhalb der Erde wachsen. Im Gegensatz zu Wurzel-, Blatt- oder Fruchtgemüse machen sie einen recht kleinen Teil der essbaren Pflanzen aus. Denn es gibt nicht viele Gemüsearten, deren Stängel oder Sprossen man verzehrt.

Die wichtigsten Vertreter dieser Gruppe sind Spargel, Cardy (Spanische Artischocke), Staudensellerie und – mein persönlicher Favorit – der Hopfenspargel. Ähnlich wachsen auch Mangold, Fenchel, Meerkohl und Rhabarber. Auch Artischocken gehören letztlich in diese Kategorie, da es sich um unreife Blütenknospen handelt, die am Stängel wachsen. Kohlrabi wird im Abschnitt »Brassica« behandelt, obwohl es sich bei dem Gemüse um eine Verdickung des Stängels handelt.

Der **Spargel** (*Asparago*) ist wohl das beste Beispiel für ein Stängel- bzw. Sprossengemüse. Ebenso wie Knoblauch, Lauch und Zwiebeln ist auch er ein Mitglied der Liliengewächse. Auf dem Markt gibt es verschiedene Sorten – grüner, weißer, violetter und wilder Spargel. Letzterer wächst überall in Europa. Ich werde nie vergessen, als ich einmal mit dem Auto quer durch Sardinien reiste. Hier und dort standen Schäfer am Straßenrand und verkauften bundweise wilden Spargel, den sie gesammelt hatten, während sie ihre Schafe grasen ließen. In Italien kommt es häufiger vor, dass saisonales Wild- oder Gartengemüse am Straßenrand zum Verkauf angeboten wird, etwa frische Wildpilze. Es ist ein großes Glück, diese superfrischen Produkte zu ergattern, die außerdem aus garantiert biologischem Anbau stammen.

Die Spargelstangen wachsen aus einem Rhizom, einem unterirdischen Wurzelstock heraus. Es gibt weibliche und männliche Spargelpflanzen. Die weiblichen sind weniger ergiebig, da sie viel Energie in die Herausbildung roter Beeren stecken, die für den Menschen leicht giftig sind. Verkauft werden hauptsächlich die männlichen Hybriden. Die Spargelstangen werden direkt über der Wurzel abgeschnitten, solange die Spitzen noch fest und geschlossen sind.

Bei grünem und weißem Spargel handelt es sich, trotz ihres so unterschiedlichen Aussehens, um dieselbe Pflanze. Weißer Spargel wird vor Licht geschützt, indem man ihn unter der Erde wachsen lässt (heutzutage oft auch unter Plastikfolie). Er wird vor Sonnenlicht geschützt, um die Bildung des grünen Farbstoffs Chlorophyll zu verhindern. Diese Spargelsorte ist zart und mild im Geschmack, und die Deutschen, Franzosen und Spanier lieben ihn besonders. In Deutschland isst man ihn frisch gekocht mit neuen Kartoffeln, zerlassener Butter und Scheiben Schwarzwälder Schinkens. Die Franzosen ziehen die Kombination mit Sauce hollandaise vor. Die einzige Region Italiens, in der weißer Spargel angebaut wird, ist das Veneto, vor allem die Gegend um Bassano del Grappa.

Grünen Spargel, den man in Großbritannien, Nord- und Südamerika und Australien bevorzugt, lässt man hingegen aus der Erde sprießen, um die Grünfärbung zu erhalten, und erntet ihn, solange er noch sehr zart ist. Es gibt unzählige Möglichkeiten, Spargel zuzubereiten. So können Sie ihn einfach kochen oder dämpfen und mit Butter oder Hollandaise servieren. Sie können aber auch etwas frisch geriebenen Parmesan darüberstreuen. Dickere Spargelstangen kann man braten, etwa mit Zwiebeln und Eiern, pürieren und als Raviolifüllung verwenden oder man kann ihn im Ganzen verwenden und ihn in einer Quiche oder Tarte gebacken servieren.

Violetter Spargel wurde aus dem grünen Spargel gezüchtet. Gelungen ist dies italienischen Züchtern, die ihm den Namen »Violetto d'Albenga« gaben. »Burgundine« ist eine violette Spargelsorte, die inzwischen auch in Großbritannien und Deutschland angebaut wird. Violetter Spargel ist von der Wurzel bis zur Spitze so zart, dass man ihn auch roh essen kann. Er eignet sich sehr gut zum Dippen sowie für Salate.

Ein weiteres Sprossengemüse ist der **Hopfenspargel**, der aussieht wie Spargel im Miniaturformat. Die Blütendolden von Hopfen verwendet man zum Bierbrauen. Die Pflanzen werden am Ende der Saison zurückgeschnitten, und im Frühling sprießen zahlreiche neue Triebe aus dem Wurzelstock. Diese werden abgeschnitten (ein paar müssen allerdings für die Bierherstellung stehen bleiben!) und gekocht. Früher wurden sie oft als »Armeleutespargel« bezeichnet. In Italien, ebenso wie in allen anderen Anbauländern, kann man Hopfensprossen in den Hopfengärten ernten und für *Frittata* (Omelett), Risotto und Salate verwenden. Im Frühjahr findet man Hopfenspargel auf den Märkten Venedigs unter dem Namen »*Bruscandoli*«. Die Spargelstangen werden im Bund von Bauern verkauft, die sie auf den vielen Inseln der Lagune ernten. In Belgien – wie England ein bekannter Bierproduzent – ist Hopfenspargel eine regionale Spezialität.

Cardy (*Cardo*) stammt – wie auch die Artischocke – aus der Familie der essbaren Disteln. Man vermutet sogar, dass eine Wildform des Cardy – ursprünglich aus dem Mittelmeerraum und Nordafrika stammend – der Vorfahr beider Gemüsesorten ist. Lässt man sie wachsen, können Cardypflanzen, auch Gemüseartischocken genannt, die typische violette Distelblüte mitgerechnet, eine Höhe von 1,80 Metern erreichen. Verzehrt werden jedoch nicht die Blütenköpfe, sondern die fleischigen Blattstiele und -rippen. Die Pflanze erinnert an Staudensellerie, hat aber flachere, längere und breitere silberne Stängel mit silbrig-grünen Blättern. Die Blattstiele müssen vor der Zubereitung ausgiebig geputzt werden – von der Pflanze wird alles bis auf die weißen Blattstiele entfernt, vor allem die vielen stachligen Außenblätter und die zähen Fäden.

Cardy ist in vielen Teilen Italiens beliebt. Im Piemont züchtet man ihn lichtgeschützt, indem man die Stiele nach unten biegt und mit Erde bedeckt. So bleiben die Stiele weiß und zart. Umgangssprachlich werden sie als *Gobbi* (zu Deutsch »Buckel«) bezeichnet. Die jungen, frischen Stiele werden im Piemont zur Weihnachtszeit meist roh gegessen und mit *Bagna cauda* (einem Anchovis-Knoblauch-Dip) serviert. Reifere Stiele werden für Suppen, Flans und *Frittatas* (Omeletts) verwendet oder gebacken. Ich mag Cardy vor allem paniert und frittiert.

Das vielleicht interessanteste Sprossen- bzw. Stängelgemüse ist die **Artischocke** (*Carciofo*), die – ebenso wie der Cardy – zur Familie der Disteln gehört. Gegessen werden die zarten Teile der ungeöffneten Blütenstände – und der Stielansatz –, nicht die Blattrippen und -stiele wie beim Cardy. Lässt man die Pflanze wachsen, wird sie – ebenso wie der Cardy – recht hoch. Die Italiener begannen schon vor langer Zeit mit der Kultivierung, und die Artischocke ist in Italien auch heute noch extrem beliebt. Artischocken sind vor allem im Latium und in Rom sehr präsent und spielen in diesen Regionen auch eine wichtige Rolle in der jüdischen Küche. In Italien gibt es verschiedene Sorten und Größen: Die größte, *La mamma*, wächst am oberen Ende des Stiels. Kleinere Köpfe, die später unterhalb der Hauptblüte erscheinen, werden *Figli* (Kinder) genannt, und die kleinsten Köpfe, die als letzte weiter unten am Stiel auftauchen, heißen *Nipoti* (Neffen).

Von den Artischocken isst man die zarten, fleischigen Teile am Ansatz der Schuppenblätter (der Rest der Blätter ist zu zäh) und das Herz der Blüte, das als »Boden« bezeichnet wird. Zuerst muss – bei reiferen Artischocken – das Heu aus der Mitte entfernt werden, aus dem sich die Blüte entwickeln würde. Meist werden Artischocken im Ganzen gekocht und mit zerlassener Butter, Vinaigrette oder einer Sauce wie etwa Hollandaise als Vorspeise serviert. Man kann sie auch füllen, dünsten oder für *Antipasti* in Essig und/oder Olivenöl einlegen. Sehr junge, kleine Artischocken lassen sich, in dünne Scheiben geschnitten, sogar roh genießen. In Italien und in vielen Teilen Europas werden Artischocken als sogenannte Artischockenherzen schon küchenfertig verkauft. Man kann sie beispielsweise zusammen mit Zwiebeln, Oliven und Kartoffeln dünsten, auf dem Grill rösten, in Ausbackteig getaucht frittieren oder in Öl braten.

Staudensellerie (*Sedano*) und sein Verwandter, der Knollensellerie (siehe Seite 98), wurden beide im 17. Jahrhundert von den Italienern aus einer kleinen Wildpflanze gezüchtet. Hier gibt es verschiedene Arten: Der Bleichsellerie erhält seine weiße Farbe, indem man ihn – entweder mit Erde oder Plastikfolie abgedeckt – von Licht abgeschirmt wachsen lässt. Der grüne Staudensellerie hat einen stärkeren Geschmack und wird nicht gebleicht. Der gelegentlich ebenfalls erhältliche chinesische Sellerie (*Kintsai*) ist eine sehr kleine Sellerieart mit dünnen, hohlen Stielen. Staudensellerie kann man roh essen, etwa als *Pinzimonio* (eine toskanische Rohkostplatte) mit Dips, aber auch mit Käse (auf englische Art). Zusammen mit Zwiebeln und anderem Wurzelgemüse gekocht, dient er als Grundzutat für das italienische *Soffritto*, das die Basis verschiedener Saucen ist, etwa für das klassische *Ragù* (eine Fleischsauce). Ebenso verwendet man ihn auch als Grundlage für Brühen, Eintöpfe oder Suppen. Die Blätter und Samen mit ihrem intensiven Selleriearoma können ebenfalls verwendet werden.

Fenchel (*Finocchio*) zählt ebenfalls zum Stängel- und Sprossengemüse. Hiervon gibt es drei Arten: Wilder Fenchel oder Bitterfenchel wächst auch heute noch wild in Italien. Von ihm verwendet man hauptsächlich die Samen als Gewürz. Eng mit ihm verwandt ist der Gewürz- oder Süßfenchel, der wegen seiner fedrigen Blätter (als Kraut) und seiner Samen (als Gewürz) angebaut wird. Die Italiener entwickelten daraus Ende des 17. Jahrhunderts eine dritte Sorte: den Gemüse- oder Knollenfenchel. Der Stiel dieser Gemüsepflanze wurde so gezüchtet, dass er eine dicke Knolle aus überlappenden »Blättern« bildet. Knollenfenchel wird während des Anbaus mit Erde oder Plastikfolie vor Licht geschützt, damit er weiß bleibt und ein süßes, feines Anisaroma entwickelt. Ich liebe Fenchel roh, in *Pinzimonio* mit Dips wie *Bagna cauda* (siehe Seite 166), oder dünn geschnitten in Salaten. Als Rohkost wird er in Italien wegen seiner verdauungsfördernden Wirkung oft auch nach einer Mahlzeit serviert. Er schmeckt aber auch gekocht sehr gut und passt zu hellem Fleisch und Fisch. Auch eine Pastasauce bereite ich mit Fenchel zu. Besonders köstlich schmeckt sie mit Garnelen (siehe Seite 83).

Meerkohl (*Cavolo marino*) ist ein weiteres Stängel- und Sprossengemüse, das wild an den Stränden Europas gedeiht. Als Kulturgewächs wird er wie Spargel gebleicht, und seine dicken, fleischigen Stiele können auch genauso zubereitet werden. Auf Märkten ist er nur selten zu finden, daher habe ich hier kein Rezept angegeben. Ein weiteres Stängelgemüse ist der **Rhabarber** (*Rabarbaro*). Obwohl er botanisch zum Gemüse zählt, wird er in der Küche als Obst verwendet, weshalb er nicht in dieses Buch aufgenommen wurde. Als letztes Stielgemüse möchte ich den **Mangold** nennen. Gegessen werden hiervon sowohl Stiele als auch Blätter, doch ich werde ihn an anderer Stelle behandeln (siehe Seite 18). **Spargelsalat**, in China bekannt als *Wosun*, ist eine Zuchtform des Kopfsalats mit dicken Stielen, die dünn geraspelt und roh oder gekocht gegessen, aber auch gewürfelt oder in Scheiben geschnitten und im Wok gebraten werden.

BLATTSALATE

Mit Blattsalaten meine ich jene Blätter – in allen Farben und Schattierungen, ob Grün, Rot oder Gelb –, die hauptsächlich roh als Salat gegessen werden (auch wenn einige davon ebenso gegart werden können). Zu dieser Gruppe gehören einige »wilde« Salate, die man selbst sammeln kann, da sie fast überall in der Natur zu finden sind. Als Kind zog ich oft im Frühling – entweder mit meinen Eltern oder mit Bauern aus der Nachbarschaft – auf der Suche nach jungem zartem Löwenzahn, Brennnesseln, Bärlauch und, etwas später im Jahr, wildem *Rucola* und Sauerampfer durch die Gegend. All dies sind herrliche Zutaten für einen guten Salat, ob wild oder kultiviert, und je mehr davon, desto besser. Die Franzosen bezeichnen eine Mischung aus verschiedenen Salatblättern als *Mesclun* (was passenderweise »große Mischung« bedeutet). Derlei Kombinationen findet man überall an den Marktständen in ganz Europa.

Ich beginne wohl am besten mit dem **Kopfsalat** oder **Gartensalat** (auf Italienisch *Lattuga*) in all seinen Formen. Sein botanischer Name lautet *Lactuca sativa*. *Lac* heißt auf Lateinisch Milch – eine Anspielung auf die weiße Flüssigkeit, die aus den angeschnittenen Stielen austritt. Dieser latexhaltige Pflanzensaft hat eine leicht narkotisierende Wirkung – was wohl der Grund ist, warum einige Gesundheitsexperten den abendlichen Verzehr von Salat empfehlen.

Drei Gartensalatarten sind besonders nennenswert. Wohl am bekanntesten ist der **Kopfsalat** mit seinen losen, weichen hellgrünen Blättern. Er wird in großer Zahl angebaut und vor allem für Salate verwendet. Der **Romanasalat** (*Lattuga romana*) bildet Köpfe aus festen, langen Blättern, die deutlich knackiger sind als die Blätter des Kopfsalats. Er wird vor allem in Salaten, Sandwiches, zum Dippen und als Füllung verwendet und spielt die Hauptrolle im Caesar Salad. (Der Name »*Romana*« stammt daher, dass er einst von den Römern angebaut wurde.) Eine besonders kompakte Sorte ist »Little Gem«. Dritter im Bunde ist der knackige **Eisbergsalat** (*Lattuga Iceberg*), der für Salate und gefüllte »Salatschiffchen« verwendet wird.

Aus Italien stammen verschiedenste Arten von Blattsalaten, darunter der *Lollo rosso* – mit lose wachsenden, krausen, an den Enden dunkelroten Blättern – und seine nahen Verwandten *Lollo biondo* und *Lollo verde*. Der **Eichblattsalat** hat ebenfalls lose stehende, gelappte grüne, teilweise auch rote Blätter. Wir dürfen aber auch andere Kulturpflanzen nicht vergessen, deren Blätter sehr gut für Salate verwendet werden können, etwa die Zichorien, krause Endivien, Frisée, Eskariol, Batavia oder die verschiedenen Radicchiosorten (die allesamt im Abschnitt Blattgemüse ab Seite 16 behandelt werden). Junge kleine Mangoldblätter – grün, mit roten Stielen und Blattadern – können ebenfalls gut für Salate verwendet werden, genauso wie andere jung geerntete Blätter, vor allem Spinat. Die japanische Blattpflanze *Mizuna* ist in vielen abgepackten Salatmischungen zu finden und bereichert sie mit Textur und ihrem feinen Senfaroma.

Brunnenkresse (*Crescione*) mit ihrer pfeffrig-scharfen Note eignet sich ebenfalls sehr gut als Salatzutat. Sie wächst in fließendem, sauberem Quellwasser und kann sowohl gezüchtet als auch in der freien Natur gesammelt werden. Meist erhält man sie in Plastiktüten verpackt. Brunnenkresse lässt sich roh in Salaten, als Garnitur oder in Sandwiches verwenden. Man kann damit aber auch leckere Saucen und Suppen zubereiten. Ihr botanischer Name lautet *Nasturtium officinale*, sie ist jedoch nicht zu verwechseln mit der **Kapuzinerkresse** (*Nasturzio*). Letztere ist eigentlich eine Gartenblume und eine weitere Salatzutat, die sowohl angebaut als auch in der freien Natur gesammelt werden kann. Der lateinische Name bedeutet, frei übersetzt, »die Nase kräuseln« und bezieht sich wohl auf den Geschmack der Kresse, deren Knospen, Blüten und Blätter ein recht scharfes Pfefferaroma besitzen.

Als Kind sammelte ich oft wilden **Feldsalat** (*Valeriana*) in der freien Natur. Doch auch die Kulturvariante ist sehr zart und stets eine köstliche Zutat für allerlei Salate. Der Name »Feldsalat« stammt wohl daher, dass das Blattgemüse häufig als »Unkraut« auf Kornfeldern wächst. Ich sammelte die Blätter meist zwischen den Weinreben benachbarter Weingärten. **Rauke** oder *Rucola* ist ein weiterer Blattsalat, der sich großer Beliebtheit erfreut, inzwischen stark in Mode gekommen ist und ebenfalls wild wächst, allerdings eher in norditalienischen Regionen. Mit seinem scharfen Geschmack, der ein bisschen an Meerrettich erinnert, bereichert er jeden gemischten grünen Salat. Er lässt sich auch im heimischen Garten leicht anbauen und schmeckt mit etwas gutem Öl und etwas Parmesan bestreut einfach köstlich.

Schmackhaft ist eine Kombination aus den Sprossen der ähnlich schmeckenden Kräuter **Gartenkresse** (*Lepidium sativum*) und **weißer Senf** (*Brassica hirta*). Zum Keimen streut man die Samen zum Beispiel auf feuchtes Küchenpapier oder Watte. Danach erntet man die winzigen Pflanzen, wenn sie etwa fünf Zentimeter groß sind. Die Mischung aus dem schärferen Senf und der etwas milderen Kresse eignet sich hervorragend als Garnitur oder als Sandwichzutat.

Zu den Salatblättern, die meist in der freien Natur gesammelt werden, gehört der **Löwenzahn** (*Taraxacum officinalis*). Aufgrund seiner harntreibenden Wirkung wird er in Frankreich als *Piss-en-lit* und auf Italienisch als *Piscialetto* bezeichnet, was beides so viel wie »Bettnässer« bedeutet. Auf italienischen Märkten findet man den Löwenzahn unter der Bezeichnung *Cicoria di campo*, da sein bitterer Geschmack an Zichorien erinnert. Wenn Sie nur die jungen Blätter herauspicken und gut säubern, können Sie aus Löwenzahnblättern einen wundervollen Salat zubereiten (siehe mein Frühlingssalat auf Seite 86). Man kann sie aber auch kochen, etwa zusammen mit Bohnen und Schweinefleisch. Auch die zarten Blätter des **wilden Sauerampfers** (*Acetosa*) eignen sich ideal für Salate, denen sie eine schöne säuerliche Note verleihen.

Sauerampfer schmeckt auch hervorragend in Risottos oder Suppen. Sie können ihn auch im eigenen Garten anbauen, wo er zu den ersten Pflanzen gehört, die im Frühjahr aus dem Boden schießen. Als Kind habe ich Sauerampferstiele oft wegen ihres angenehm säuerlichen Geschmacks gekaut. Über ein weiteres wildes Kraut, den Bärlauch, spreche ich im Abschnitt »Knoblauch« auf Seite 100.

Und schließlich ist da noch die **Brennnessel** (*Ortica*), das hautreizende Gewächs, das überall in Europa wuchert. Seine Blätter enthalten mehr gesunde Stoffe, als es ihr Geschmack zunächst vermuten ließe. Es lohnt sich also, sie zu pflücken – aber bitte nur mit Handschuhen! Brennnesselblätter werden üblicherweise eher gekocht als roh gegessen und beispielsweise als Füllung für Pies und *Ravioli*, in Risottos oder in Suppen verwendet. Meine Freundin Nina etwa, die im Aostatal einen Bauernhof und ein Hotel führt, ist für eine Wildkräutersuppe bekannt, deren Geschmack ich noch heute auf der Zunge spüre. Hierfür sammelt sie jede Saison auf den Feldern der Umgebung – fast 2000 Meter über dem Meeresspiegel – mindestens zehn verschiedene Wildkräuter und macht daraus die – ihr zufolge – »beste Suppe der Welt«.

INSALATA DI PUNTARELLE
Puntarelle-Salat

Puntarelle sind ein sehr feines Gemüse. Sie bestehen aus den frischen Trieben der Catalogna, einer Zichorienart, die in der italienischen Küche, vor allem in Rom, recht häufig verwendet wird. Die Italiener mögen in ihrem Gemüse bittere Noten, und die hauchzarten *Puntarelle*, die aus der Mitte der Pflanze herauswachsen, sind – ob gekocht oder roh in Salaten – eine wahre Köstlichkeit.

Die Puntarelle 7 bis 8 Zentimeter lang vom Catalogna abtrennen. Längs in streichholzdicke Stifte schneiden und in eiskaltes Wasser legen, damit sie sich einrollen und etwas an Bitterkeit verlieren.

Für die Sauce die Anchovis in einer Schüssel mit einer Gabel zerdrücken, Knoblauch, Olivenöl, Essig, etwas Salz und reichlich Pfeffer dazugeben und alles vermischen.

Die Puntarelle über einem Sieb abgießen, abtropfen lassen und mit der Sauce mischen. Als Salatbeilage oder als Vorspeise servieren.

FÜR 4 PERSONEN

—1 Kopf *Catalogna* mit *Puntarelle* (siehe Seite 17)

SAUCE
—6 Anchovisfilets in Öl, abgetropft
—1 kleine Knoblauchzehe, geschält und zerdrückt
—4 EL natives Olivenöl extra
—2 EL Weißweinessig
—Salz
—frisch gemahlener Pfeffer

Blattgemüse

CALZONE DI SCAROLA
Eskariol-Calzone

Die glatte Endivie, auch Eskariol – oder italienisch *Scarola* – genannt, ist ein Blattgemüse aus der Zichorienfamilie, die frisch für Salate und gekocht als Füllung verwendet wird. Im Süden Italiens heißt dieses Gericht *Pizza di scarola*, aber ich umhülle die Füllung für jede Portion einzeln mit Teig und mache daraus eine *Calzone*, also eine gefaltete Pizza.

Backofen auf 180 °C vorheizen.

Die Endivienblätter waschen, trocken schleudern und grob hacken. Olivenöl in einer Pfanne erhitzen. Den Knoblauch hineingeben und unter Rühren kurz anbraten. Sofort die Tomaten, Endivienblätter, Kapern und Rosinen hinzufügen. Mit Salz und Pfeffer würzen. Die Mischung zugedeckt etwa 15 Minuten köcheln lassen, bis die Endivienblätter weich sind. Abkühlen lassen und mit den Händen möglichst viel Flüssigkeit herausdrücken.

Den Blätterteig auf einer leicht bemehlten Arbeitsfläche etwa 5 Millimeter dick ausrollen. Daraus vier Kreise mit ca. 25 Zentimetern Durchmesser ausschneiden. In die Mitte jedes Teigkreises je ein Viertel der Gemüsemischung setzen. Den Teig über der Füllung zusammenklappen und zum Verschließen den Teigrand eindrehen oder mit einer Gabel fest zusammendrücken, sodass eine halbmondförmige *Calzone* entsteht.

Die *Calzone* auf ein mit Backpapier belegtes Backblech setzen und mit etwas Olivenöl bepinseln. Im vorgeheizten Backofen 20 bis 30 Minuten backen. Heiß oder kalt servieren.

FÜR 4 PERSONEN

—500 g Blätterteig
—etwas Mehl für die Arbeitsfläche
—etwas Olivenöl zum Bepinseln

FÜLLUNG
—600 g Eskariol (alternativ: Löwenzahn oder Frisée)
—4 EL natives Olivenöl extra
—2 Knoblauchzehen, geschält und in dünne Scheiben geschnitten
—2 mittelgroße Tomaten, fein gewürfelt
—20 g gesalzene Kapern, gewässert (siehe Seite 75)
—20 g weiche Rosinen
—Salz
—frisch gemahlener Pfeffer

PALLINE DI SPINACI
Spinat-Fritters

Diese Fritters gehören zu meinen erfolgreichsten Kreationen und sind im Carluccio's seit vielen Jahre äußerst beliebt. Ich serviere sie zu Pasta mit Zucchinisauce (und für jeden verkauften Teller geht eine Spende an wohltätige Zwecke). Die Fritters sind auch ideal für Kanapees oder als Fingerfood.

Den Spinat gründlich waschen und von harten Stielen befreien. Einige Minuten in ausreichend kochendem, leicht gesalzenem Wasser blanchieren, in ein Sieb geben und abtropfen lassen. Leicht abkühlen lassen und die überschüssige Flüssigkeit herausdrücken. Die Spinatblätter grob hacken und in eine Schüssel geben.

Brot, verquirlte Eier, Muskatnuss, Knoblauch und Parmesan hinzufügen. Nach Geschmack mit Salz und Pfeffer würzen. Alles gut vermischen. Ist die Mischung zu feucht, etwas mehr Brot dazugeben.

Aus der Mischung walnussgroße Bällchen formen. Die Fritters in einer Pfanne in heißem Olivenöl auf beiden Seiten 4 bis 5 Minuten braten, bis sie leicht goldbraun sind. Auf Küchenpapier abtropfen lassen und warm oder kalt servieren.

ERGIBT 24 STÜCK

—600 g Blattspinat
—Salz
—80 g fein geriebenes frisches Weißbrot
—2 mittelgroße Eier, verquirlt
—frisch geriebene Muskatnuss
—1 Knoblauchzehe, geschält und zerdrückt
—50 g frisch geriebener Parmesan
—frisch gemahlener Pfeffer
—etwas Olivenöl zum Braten

Blattgemüse

INDIVIA 'MBUTTUNATA
Gefüllte Endivien

In der traditionellen jüdischen Küche Roms werden Endivien einfach von beiden Seiten in etwas Olivenöl knusprig gebraten. Ich mag sie jedoch lieber gefüllt und im Ofen gebacken nach Art der süditalienischen Bauern, die das Gericht »zugeknöpfte Endivien« nennen.

Backofen auf 180 °C vorheizen.

Die Endivienköpfe gründlich waschen und abtropfen lassen. Von den zähen äußeren Blättern befreien und alle grünen Spitzen entfernen, die nicht knackig genug sind. Die Köpfe in ausreichend kochendem Salzwasser 4 bis 5 Minuten blanchieren, bis die Blätter gerade so weich sind. In ein Sieb geben, abtropfen und abkühlen lassen.

Für die Füllung das Brot mit den restlichen Zutaten mischen und mit reichlich Salz und Pfeffer würzen.

Die Blätter der abgekühlten Endivien bis zum Herzen auseinanderbiegen. Die Füllung hineingeben, mit etwas Olivenöl beträufeln und die Blätter über der Füllung zusammendrücken. Die Blattspitzen mit Küchengarn zusammenbinden.

Die Endivien auf ein Backblech setzen und mit dem restlichen Öl beträufeln. Im vorgeheizten Backofen etwa 25 Minuten backen, bis sich die Endivien mit der Spitze eines scharfen Messers leicht einstechen lassen. Die Endivien halbieren oder vierteln und warm servieren oder eine halbe Portion als üppige Vorspeise reichen.

FÜR 4 PERSONEN

—2 mittelgroße krausblättrige
   Endivienköpfe (ca. 700 g)
—Salz
—3 EL natives Olivenöl extra

FÜLLUNG
—100 g fein geriebenes frisches
   Weißbrot
—30 g Pinienkerne
—20 g weiche Rosinen
—50 g frisch geriebener Pecorino
—2 mittelgroße Knoblauchzehen,
   geschält und sehr fein püriert
—6 EL natives Olivenöl extra
—2 EL kleine gesalzene Kapern,
   gewässert (siehe Seite 75)
—2 mittelgroße Eier, verquirlt
—Salz
—frisch gemahlener Pfeffer

RAVIOLI CON SPINACI
Spinat-Ravioli

Gefüllte Pasta wie *Ravioli*, *Cannelloni* oder *Crespelle* bieten eine gute Möglichkeit zur Resteverwertung. Eine Füllung aus Spinat und Ricotta ist, trotz ihrer Einfachheit, ein großer Genuss.

Für die Pasta das Mehl auf eine Arbeitsfläche sieben und in die Mitte eine Mulde drücken. Die Eier aufschlagen und zusammen mit dem Salz in die Mulde geben. Alles mit den Händen grob zu einem Teig verkneten, falls nötig, etwas mehr Mehl dazugeben. Den Teig 10 bis 15 Minuten kneten, bis er eine weiche, elastische Konsistenz hat. In Frischhaltefolie wickeln und an einem kühlen Ort 30 Minuten ruhen lassen.

Für die Füllung den Spinat waschen und einige Minuten in einem Topf mit ausreichend kochendem Salzwasser blanchieren. Über einem Sieb abgießen und abtropfen lassen. Kurz abkühlen lassen, das überschüssige Wasser herausdrücken und den Spinat grob hacken. Mit Ricotta, Muskatnuss, Parmesan und Ei mischen und nach Geschmack mit Salz und Pfeffer würzen.

Den Teig auf einer leicht bemehlten Arbeitsfläche (oder mit einer Pastamaschine) 5 Millimeter dick ausrollen. In 8 Zentimeter breite Streifen schneiden. Im Abstand von 6 bis 7 Zentimetern je 1 Teelöffel Füllung mittig auf einen Pastastreifen setzen. Teig rund um die Füllung mit Wasser bepinseln. Einen zweiten Pastastreifen darauflegen und um die Füllung herum zusammendrücken, damit die Luft entweicht und die Pastastreifen zusammenkleben. Mit einem Teigrad oder Ravioli-schneider 7 Zentimeter große Ravioli ausschneiden. Mit einem sauberen Tuch abdecken und einige Minuten ruhen lassen.

Die Ravioli 4 bis 5 Minuten in einem Topf mit ausreichend Salzwasser kochen. Über einem Sieb abgießen und abtropfen lassen. Die Butter in einer Pfanne zerlassen und den Salbei hinzufügen. Die Ravioli dazugeben und in der Salbeibutter schwenken. Mit Parmesan bestreut servieren.

— 200 g italienisches Weizenmehl Type 00 (Pizzamehl) und etwas Mehl für die Arbeitsfläche
— 2 mittelgroße Eier
— 1 Prise Salz

FÜLLUNG
— 250 g frischer Blattspinat
— Salz
— 150 g Ricotta
— ½ TL frisch geriebene Muskatnuss
— 25 g frisch geriebener Parmesan
— 1 mittelgroßes Ei, verquirlt
— frisch gemahlener Pfeffer

ZUM SERVIEREN
— 75 g Butter
— 3–4 frische Salbeiblätter
— 50 g frisch geriebener Parmesan

Blattgemüse

FÜR 4 PERSONEN

TORTA PASQUALINA
Mangold-Artischocken-Tarte
Seite 42–43

TORTA PASQUALINA
Mangold-Artischocken-Tarte

In Ligurien wird diese Tarte traditionell zu Ostern gebacken. Oft ist sie Bestandteil der *Pasquetta*, des obligatorischen Ostermontagspicknicks. Sie wird mit Erbette, einer wild wachsenden grünen Mangoldsorte, die in den Hügeln der Region wächst, zubereitet.

6 Esslöffel Olivenöl in einem großen Topf mit Deckel erhitzen. Artischockenherzen, Zwiebel, Kapern, Petersilie und etwas Wasser dazugeben. Das Gemüse zugedeckt in 10 bis 15 Minuten weich garen und über einem Sieb abgießen.

Mangold oder Spinat in einem Topf mit ausreichend Salzwasser einige Minuten blanchieren, über einem Sieb abgießen und abtropfen lassen. Etwas abkühlen lassen, die überschüssige Flüssigkeit herausdrücken und die Blätter grob hacken. Mangold oder Spinat, Ricotta, verquirlte Eier, Parmesan und Muskat mischen und mit Salz und Pfeffer würzen. Das gegarte Gemüse dazugeben und alles gut vermischen.

Backofen auf 200 °C vorheizen. Den Teig auf einer leicht bemehlten Arbeitsfläche 5 Millimeter dick ausrollen.

Eine 27 Zentimeter große runde Springform mit Wellenrand mit etwas Olivenöl einfetten und mit dem Teig auslegen. Überstehende Teigränder abschneiden und für die Dekoration beiseitestellen. Den Teigboden mit Backpapier und Backbohnen bedecken und etwa 10 Minuten im vorgeheizten Backofen blindbacken. Die Backbohnen entfernen und den Teig in etwa 5 Minuten knusprig backen. Beiseitegestellten Teig in dünne Streifen schneiden.

Die Füllung auf den gebackenen Teigboden geben, die Wachteleier darauf verteilen und Tarte mit Teigstreifen verzieren. Mit verquirltem Ei bepinseln und im vorgeheizten Backofen etwa 35 Minuten backen. Heiß oder kalt servieren.

FÜR 6–8 PERSONEN

- 1 kg Mürbeteig
- etwas Mehl für die Arbeitsfläche
- etwas Olivenöl für die Form
- Backbohnen zum Blindbacken
- 1 mittelgroßes Ei, verquirlt

FÜLLUNG
- 6 EL natives Olivenöl extra
- 12 kleine rohe Artischockenherzen, halbiert (falls Sie die Artischocken selbst vorbereiten, die harten äußeren Blätter und das Heu in der Mitte entfernen)
- 1 kleine Zwiebel, geschält und fein gewürfelt
- 1 EL gesalzene Kapern, gewässert (siehe Seite 75)
- 1 kleines Bund frische glatte Petersilie, gehackt
- 1 kg Mangoldblätter (oder Blattspinat), entstielt
- Salz
- 250 g Ricotta
- 4 mittelgroße Eier, verquirlt
- 60 g frisch geriebener Parmesan
- etwas frisch geriebene Muskatnuss
- frisch gemahlener Pfeffer
- einige Wachteleier, hart gekocht, geschält und halbiert

ZUPPA DI CAVOLO VALDOSTANA
Kohlsuppe aus dem Aostatal

Wenn Sie im Winter ein Restaurant oder eine *Osteria* im Aostatal besuchen, werden Sie bestimmt auch diese wärmende, köstliche Suppe beziehungsweise diesen *Pasticcio* (Auflauf) auf der Speisekarte finden. Das Gericht basiert auf Wirsing und zwei wundervollen Produkten aus dem Aostatal: *Fontina* und Alpenbutter.

Den Wirsing mit etwas Salz und Brühe in einen Topf geben und in 15 bis 20 Minuten weich kochen. Wirsing über einem Sieb abgießen (die Brühe dabei auffangen und beiseitestellen), abtropfen und abkühlen lassen.

Backofen auf 200 °C vorheizen.

Das Brot in große Würfel schneiden. Öl und Butter in einer Pfanne erhitzen und die Brotwürfel darin einige Minuten goldbraun braten. Auf Küchenpapier abtropfen lassen.

Etwas Kohl, Brotwürfel und *Fontina* in eine eingefettete große ofenfeste Form schichten. Etwas Brühe darübergeben, damit die Brotwürfel weich werden. Etwas Parmesan darüberstreuen und weiterschichten, bis alle Zutaten aufgebraucht sind. Alles mit der restlichen Brühe begießen.

Butter in einer kleinen Pfanne zerlassen und Knoblauch darin anbraten. Über die Kohlmischung geben.

Im vorgeheizten Backofen 25 bis 30 Minuten backen. Vor dem Servieren die Kohlmischung umrühren und mit Pfeffer bestreuen.

FÜR 4 PERSONEN

—800 g Wirsing, fein gehackt
—Salz
—1 ½ l Hühner- oder Gemüsebrühe
—2 große, dicke Scheiben Vollkornbrot
—4 EL natives Olivenöl extra
—40 g Alpenbutter und etwas Butter für die Form
—300 g *Fontina*, gerieben oder in Scheiben geschnitten
—60 g frisch geriebener Parmesan
—frisch gemahlener Pfeffer

ZUM FERTIGSTELLEN
—60 g Butter
—2 Knoblauchzehen, geschält und in dünne Scheiben geschnitten

Kohl

CIME DI RAPA E CICORIA BELGA CON CROSTA DI POLENTA
Stängelkohl und Chicoree mit Polentaküchlein

Cima di rapa ist außerhalb Italiens nur schwer erhältlich und lässt sich am besten durch violetten Sprossenbrokkoli ersetzen. Im Süden Italiens ist der Stängelkohl in der Saison hingegen allgegenwärtig, meist als Beilage zu Fisch und Fleisch, aber auch gedünstet als *Minestra* (Suppe), die mit frischem Brot gegessen wird. Die Kombination von Chicoree und Polenta gehört zu meinen absoluten Favoriten.

Für das Gemüse Öl in einem großen Topf erhitzen und den Knoblauch darin leicht anbraten. Stängelkohlspitzen oder Brokkoliröschen, Chicoree, Kapern und etwas Wasser dazugeben und das Gemüse zugedeckt in 10 bis 15 Minuten weich kochen. Die Chilischote dazugeben, nach Geschmack mit Salz und Pfeffer würzen, und alles noch etwas köcheln lassen.

Inzwischen für die Polentaküchlein die Polenta, ca. 250 Milliliter heißes Wasser, etwas Salz und 3 Esslöffel Olivenöl in eine Schüssel geben und gut vermischen. Aus der Masse vier bis sechs Bratlinge formen und flach drücken. In einer großen Pfanne im restlichen Öl auf jeder Seite etwa 8 Minuten braten, bis sich eine goldbraune, knusprige Kruste bildet. Die Polentaküchlein aus der Pfanne nehmen und zusammen mit dem Gemüse servieren.

FÜR 4–6 PERSONEN

—5 EL natives Olivenöl extra
—1 Knoblauchzehe, geschält und in dünne Scheiben geschnitten
—500 g Stängelkohlspitzen (oder kleine Brokkoliröschen)
—450 g Chicoree, Köpfe längs halbiert
—einige gesalzene Kapern, gewässert (siehe Seite 75) und gehackt
—1 kleine Chilischote, in dünne Ringe geschnitten
—Salz
—frisch gemahlener Pfeffer

POLENTAKÜCHLEIN
—375 g feine Instant-Polenta
—Salz
—6 EL natives Olivenöl extra

ORECCHIETTE CON BROCCOLI E COZZE
Pasta mit Brokkoli und Miesmuscheln

Dies ist ein schönes Pastagericht aus dem Süden Italiens mit Zutaten aus der Region. Eine davon ist die handgemachte Pastaspezialität *Orecchiette* (Öhrchennudeln) aus Apulien, die vor allem typisch für die Stadt Bari ist.

Die Miesmuscheln gründlich säubern. Dafür zuerst in kaltem Wasser waschen, dann mit einer harten Bürste schrubben und, falls nötig, von Seepocken befreien und entbarten. Bereits geöffnete Exemplare wegwerfen.

Die Pasta in einem Topf mit ausreichend kochendem Salzwasser in etwa 15 Minuten *al dente* garen, nach etwa 7 Minuten den Brokkoli dazugeben.

Inzwischen Olivenöl in einem großen Topf erhitzen und Knoblauch und Chili darin einige Minuten anbraten. Tomaten und Weißwein dazugeben.

Die Miesmuscheln hinzufügen und alles zugedeckt 8 bis 10 Minuten sanft erhitzen, bis die Muscheln sich öffnen. Muscheln herausnehmen, ungeöffnete Exemplare wegwerfen, restliche Muscheln handwarm abkühlen lassen, aus den Schalen lösen und wieder in die Sauce geben. Sauce mit Salz und Pfeffer abschmecken.

Pasta und Brokkoli über einem Sieb abgießen und abtropfen lassen. Zu den Muscheln in den Topf geben. Alles gut mischen und mit etwas Olivenöl beträufeln. Sofort servieren.

FÜR 4 PERSONEN

—350 g *Orecchiette*
—Salz
—500 g Brokkoli, in kleine Röschen geteilt

SAUCE
—1 kg Miesmuscheln
—3 EL natives Olivenöl extra und etwas Öl zum Beträufeln
—2 Knoblauchzehen, geschält und fein gewürfelt
—1 kleine Chilischote, gehackt
—8 Kirschtomaten, halbiert
—1 Schuss Weißwein
—Salz
—frisch gemahlener Pfeffer

CRAUTI FRESCO
Frisches Sauerkraut

Der Nordosten Italiens ist aus historischen und geografischen Gründen kulturell stark mit Österreich verbunden. Daher sind auch die Spezialitäten in Südtirol und im Trient von den deutschsprachigen Ländern beeinflusst, wurden von den Italienern jedoch adaptiert. Hierzu gehört auch das Sauerkraut, oder *Crauti*, wie es die Italiener nennen. Eine Variante lässt sich beispielsweise – wie im Folgenden beschrieben – aus frischem Wirsing herstellen. Sie können aber auch fertig gekauftes fermentiertes Sauerkraut verwenden, das es entweder abgepackt oder aus großen Holzfässern frisch auf dem Markt zu kaufen gibt, und es mit einigen Aromazutaten verfeinern (siehe unten).

Das Öl in einem großen Topf erhitzen und Lauch sowie nach Belieben Speck darin einige Minuten anbraten. Wirsing und Apfelsaft dazugeben und einige Minuten mitkochen. Essig und Zucker hinzufügen und alles mindestens 15 Minuten sanft köcheln lassen, bis der Kohl weich ist. Falls nötig, etwas Wasser dazugießen. Mit Salz und Pfeffer und nach Belieben etwas Zucker und Essig abschmecken.

Das Kraut als Gemüsebeilage zu Wurst oder Schweinefleischgerichten servieren.

FÜR 6 PERSONEN

—4 EL natives Olivenöl extra
—1 mittelgroße Lauchstange, in feine Ringe geschnitten
—50 g Speck, fein gewürfelt (nach Belieben)
—800 g Wirsing (nur die inneren hellen Blätter), sehr fein gehackt
—150 ml naturtrüber Apfelsaft
—2 EL Weißweinessig und etwas Essig zum Abschmecken (nach Belieben)
—1 EL Zucker und etwas Zucker zum Abschmecken (nach Belieben)
—Salz
—frisch gemahlener Pfeffer

Kohl

CRAUTI
Sauerkraut

Bei Sauerkraut, das man in Gläsern, Dosen oder Tüten kaufen kann, handelt es sich um fermentierten Weißkohl. Hierfür wird er in Streifen geschnitten, mit einem Gewicht beschwert und in einem Fass gelagert. Nach abgeschlossener Fermentierung entsteht ein leicht säuerlicher Geschmack, der sich beispielsweise durch Zugabe von Orangensaft, Apfelsaft oder Wacholderbeeren variieren lässt.

Das Öl in einem großen Topf erhitzen und die Zwiebel darin in etwa 10 Minuten weich braten. Wacholderbeeren, Kreuzkümmelsamen, Sauerkraut, Äpfel und Apfelsaft hinzufügen. Die Mischung zum Kochen bringen und bei geringer Hitze 30 bis 40 Minuten köcheln lassen. Nach Geschmack mit Salz und Pfeffer würzen.

Sauerkraut passt zu gekochtem oder gebratenem Schweinefleisch. Nur mit Brot serviert, ist es auch ein großartiges Gericht für Vegetarier.

FÜR 4–6 PERSONEN

—3 EL natives Olivenöl extra
—1 kleine Zwiebel, geschält und fein gewürfelt
—15 Wacholderbeeren
—1 TL Kreuzkümmelsamen
—1,5 kg Sauerkraut (aus dem Glas oder aus dem Fass)
—2 Äpfel, vom Kerngehäuse befreit und fein gerieben
—1 l Apfelsaft
—Salz
—frisch gemahlener Pfeffer

CAPONNET
Überbackene Kohlrouladen

Diese kleinen Rouladen werden in Norditalien als Antipasti zu feierlichen Anlässen gereicht. Für die Fleischfüllung lässt sich vieles verwenden, etwa frische Wurst wie *Lucanica* oder Bratenreste. Ein »Muss« ist nur der Wirsing, in den die Zutaten traditionell eingewickelt werden. Verwenden Sie dafür am besten die zweite Blätterschicht, denn die äußeren Blätter sind oft zu zäh. In unserer Familie waren diese Rouladen im Herbst und Winter ein fester Bestandteil unseres Speiseplans, und meine Mutter war eine Meisterin in ihrer Zubereitung.

Die Wirsingblätter in einem Topf mit leicht gesalzenem kochendem Wasser etwa 5 Minuten blanchieren. Herausnehmen und auf einem sauberen Tuch trocknen lassen. Dicke, zähe Mittelrippen herausschneiden.

Backofen auf 160 °C vorheizen.

Fleisch sehr fein hacken (bei der Verwendung von Wurstbrät die Wurst zuvor häuten und das Brät zerpflücken) und in eine Schüssel geben. Eier, Brot, Knoblauch, nach Belieben Chili, etwas Muskat und Parmesan hinzufügen. Nach Geschmack mit Salz und Pfeffer würzen und alles gut vermischen.

Die Füllung auf die Wirsingblätter verteilen. Die Blätter aufrollen und mit Holzspießen befestigen.

Die Kohlrouladen auf ein mit Backpapier belegtes Backblech legen, Butter in Flöckchen daraufgeben und Rouladen mit Parmesan bestreuen. Im vorgeheizten Backofen etwa 20 Minuten backen und heiß oder kalt servieren.

FÜR 4 PERSONEN

—8 Wirsingblätter
—Salz
—8 Holzspieße
—25 g Butter
—15 g frisch geriebener Parmesan

FÜLLUNG
—300 g Fleisch (z. B. 100 g Wurstbrät und 200 g Bratenreste vom Vortag)
—2 mittelgroße Eier, verquirlt
—2 EL fein geriebenes frisches Weißbrot
—2 Knoblauchzehen, geschält und zerdrückt
—1 Prise getrocknete Chilischoten (nach Belieben)
—frisch geriebene Muskatnuss
—50 g frisch geriebener Parmesan und etwas Parmesan zum Bestreuen
—Salz
—frisch gemahlener Pfeffer

Kohl

RIBOLLITA
Toskanische Kohl-und-Bohnen-Suppe

Ribollita bedeutet »noch mal gekocht« – und genau dies passiert bei dieser klassischen Suppe aus der Toskana: Sie wird im Voraus zubereitet und später aufgewärmt, da sie so noch besser schmeckt. Sie ist eine typische Bauernsuppe, die aus Resten zubereitet wird und aus verschiedenen Zutaten, die gerade Saison haben. Entsprechend viele Variationen gibt es, doch alle enthalten Kohl und anderes Gemüse, Brot und Cannellini-Bohnen.

Die *Cannellini*-Bohnen über Nacht in einer Schüssel mit kaltem Wasser einweichen. Am nächsten Tag über einem Sieb abgießen und die Bohnen mit 2 Litern frischem Wasser in einen Topf geben. Etwa 10 Minuten sprudelnd kochen und danach etwa 2 Stunden köcheln lassen, bis die Bohnen weich sind. Die Hälfte der Bohnen mit einem Schaumlöffel herausnehmen und in einem Standmixer glatt pürieren. Danach wieder in den Topf zu den ganzen Bohnen geben.

Den Schwarzkohl oder Wirsing von dicken Blattstielen befreien. Blätter in feine Streifen schneiden. Olivenöl in einem großen Topf erhitzen und Lauch, Karotte und Sellerie darin etwa 10 Minuten anbraten. Knoblauch, Kartoffeln, Zucchini, Schwarzkohl oder Wirsing und Tomaten hinzufügen und die Mischung zugedeckt etwa 1 Stunde sanft köcheln lassen.

Thymian und Bohnen mitsamt Kochwasser dazugeben und alles etwa 30 Minuten sanft köcheln lassen. Wenn alle Zutaten weich gegart sind, mit Salz und Pfeffer abschmecken. Die Suppe über Nacht durchziehen lassen.

Zum Servieren die Suppe etwa 20 Minuten erhitzen. Die Brotscheiben toasten oder grillen und auf Suppenschüsseln verteilen. Die Suppe darübergießen. Mit Olivenöl beträufeln und mit reichlich Pfeffer bestreuen. Warm servieren.

FÜR 6 PERSONEN

—300 g getrocknete *Cannellini*-Bohnen
—600 g Schwarzkohl- oder äußere Wirsingblätter
—50 ml natives Olivenöl extra und etwas Öl zum Beträufeln
—2 Lauchstangen, in dünne Ringe geschnitten
—1 große Karotte, gewürfelt
—2 Selleriestangen, gewürfelt
—2 Knoblauchzehen, geschält und in dünne Scheiben geschnitten
—2 große Kartoffeln, geschält und gewürfelt
—2 Zucchini, gewürfelt
—1 Dose stückige Tomaten (400 g)
—1 Zweig frischer Thymian
—Salz
—frisch gemahlener Pfeffer

ZUM SERVIEREN
—6 Scheiben italienisches Weißbrot, am besten vom Vortag

FRITELLE DI CAVOLFIORE
Blumenkohl-Fritters

Vor nicht allzu langer Zeit hatte ich einmal wieder die Gelegenheit, für meine fünf Enkelkinder zu kochen, als sie bei mir zu Besuch waren. Von diesem einfachen Rezept, das man zu jeder Tages- und Nachtzeit genießen kann, waren sie hellauf begeistert.

Den Blumenkohl in einem Topf mit ausreichend kochendem Salzwasser in etwa 10 Minuten weich garen. Über einem Sieb abgießen und abtropfen lassen.

Eier, Mehl und Schnittlauch in eine große Schüssel geben und mit Salz und Pfeffer würzen. Alles zu einem homogenen Teig verrühren, Blumenkohl dazugeben und alles vermischen.

Das Olivenöl in einer mittelgroßen Pfanne erhitzen und jeweils 1 oder 2 Esslöffel der Blumenkohlmischung in das heiße Öl geben. Die Fritters auf einer Seite goldbraun braten, dann wenden und auf der anderen Seite fertig braten. Das dauert insgesamt etwa 6 Minuten. Auf Küchenpapier abtropfen lassen und die restlichen Fritters braten, bis die Mischung aufgebraucht ist.

Noch heiß servieren (kalt schmecken die Fritters jedoch ebenso gut).

ERGIBT 24 STÜCK

—1 mittelgroßer Blumenkohl, in kleine Röschen geteilt
—etwas Olivenöl zum Braten

AUSBACKTEIG
—3 mittelgroße Eier, verquirlt
—3 EL Mehl
—2 EL frischer Schnittlauch, fein gehackt
—Salz
—frisch gemahlener Pfeffer

CAVOLO RAPA AL BURRO E CERFOGLIO
Kohlrabi mit Kerbelbutter

Kohlrabi ist ein seltsames Gemüse: Er sieht aus wie eine Kreuzung aus Speiserübe und Riesenrettich, und seine Form erinnert an einen Sputnik. Die köstliche grüne Knolle kann jedoch die letzten Winter- und die ersten Frühlingstage mit viel Genuss bereichern – am besten als Beilage oder Vorspeise serviert.

Die Kohlrabi in kleinere Stücke schneiden. Die Butter in einer Pfanne zerlassen und die Kohlrabistücke zusammen mit etwas Wasser hineingeben. Je nach Größe der Stücke bei geringer Hitze etwa 10 Minuten garen, oder bis der Kohlrabi bissfest und das Wasser verdampft ist.

Mit einer Prise Paprikapulver, etwas Salz und Pfeffer sowie fein gehackten Kräutern würzen. Alles gut durchmischen und heiß servieren.

FÜR 4 PERSONEN

— 2 große Kohlrabi (ca. 700 g), geschält und geviertelt
— 80 g Butter
— 1 TL Paprikapulver
— Salz
— frisch gemahlener Pfeffer
— je 2 EL frischer Kerbel und Schnittlauch, fein gehackt

Kohl

TIANO DI CAVOLINI
Rosenkohl-Gratin

Rosenkohl steht in Italien nicht allzu oft auf der Speisekarte, in den nördlichen Regionen wird er jedoch gelegentlich verwendet. Dort isst man viel Kohl, und dazu gehört auch Rosenkohl. Für mich ist Rosenkohl das Kohlgemüse schlechthin.

Den Rosenkohl in etwa 4 Minuten in einem Topf mit ausreichend Salzwasser fast weich garen.

Backofen auf 180 °C vorheizen.

Für die Käsesauce die Butter in einer Pfanne zerlassen. Das Mehl hinzufügen und unter Rühren anschwitzen. Nach und nach unter ständigem Rühren die Milch dazugießen. Die Mischung zum Kochen bringen, dabei weiterrühren, damit sich keine Klümpchen bilden. Wenn die Mischung eindickt, etwas Muskatnuss und Pfeffer, *Fontina* und 50 Gramm Parmesan dazugeben. Alles zu einer glatten Sauce verrühren. Bei Bedarf mit Salz abschmecken.

Den Rosenkohl über einem Sieb abgießen, abtropfen lassen, in eine gefettete ofenfeste Form geben und die Käsesauce darübergießen. Mit dem restlichen Parmesan bestreuen. Das Gratin im vorgeheizten Backofen etwa 20 Minuten backen und als Beilage zu Fleisch und Fisch oder als ersten Gang servieren.

FÜR 6 PERSONEN

—600 g Rosenkohl
—Salz
—etwas Butter für die Form

KÄSESAUCE
—50 g Butter
—25 g Mehl
—500 ml Milch, erwärmt
—frisch geriebene Muskatnuss
—frisch gemahlener Pfeffer
—100 g frisch geriebener *Fontina*
—70 g frisch geriebener Parmesan
—Salz

INSALATA DI RINFORZO
Weihnachtliche Mixed Pickles

Dieses typisch neapolitanische Gericht wird traditionell um die Weihnachtszeit zubereitet. Vor der Mahlzeit wird die Schüssel mit dem Gemüse meist strategisch dort platziert, wo am meisten Betrieb ist. Die Idee, die dahintersteckt, ist, dass jeder Gast sich im Vorbeigehen ein Stück eingelegtes Gemüse nimmt, was den Appetit anregt. Ich bin dafür bekannt, dass ich so oft daran vorbeigehe, dass ich schon satt bin, bevor ich mich überhaupt an den Tisch setze ...

Essig, 2 Liter Wasser und Salz in einem großen Topf erhitzen und aufkochen lassen. Das vorbereitete Gemüse und die Oliven hineingeben und – je nach Geschmack – *al dente* (noch leicht bissfest) oder weicher garen.

Das Gemüse über einem Sieb abgießen, abtropfen lassen, mit Salz und Pfeffer würzen und mit etwas Olivenöl beträufeln. In einer dekorativen Keramikschüssel servieren.

FÜR 6–8 PERSONEN

— 1 l Weißweinessig
— 30 g Salz und etwas Salz zum Würzen
— 1 Blumenkohl, in Stücke und kleine Röschen geschnitten
— 200 g Karotten, fein gewürfelt
— 2 große rote oder gelbe Paprikaschoten, entkernt und in Streifen geschnitten
— 100 g Perlzwiebeln, geschält
— 100 g entsteinte schwarze Oliven
— frisch gemahlener Pfeffer
— etwas natives Olivenöl extra

Kohl

SOFFIATO DI CAVOLO NERO CON SALSA DI ACCIUGHE
Schwarzkohl-Soufflé mit Anchovissauce

Mein Motto lautet eigentlich »minimaler Aufwand, maximaler Geschmack«. Auf dieses Rezept trifft dies allerdings nicht zu, da es etwas mehr Arbeit erfordert. Die Mühe zahlt sich jedoch auf jeden Fall aus und wird mit einem herrlichen Geschmack belohnt. Zudem können Sie mit der Zubereitung Ihre Kochkünste unter Beweis stellen, denn Soufflés sind nicht einfach …

Schwarzkohl waschen, trocken schütteln, in Stücke schneiden und in einem Topf mit ausreichend leicht gesalzenem Wasser 10 bis 12 Minuten kochen. Über einem Sieb abgießen, abtropfen und kurz abkühlen lassen und das überschüssige Wasser herausdrücken. Den Kohl in einen Standmixer geben.

Für die Bechamelsauce 80 Gramm Butter in einem Topf zerlassen. Mehl und Backpulver dazugeben und unter Rühren anschwitzen. Langsam die warme Milch dazugießen, dabei ständig umrühren, damit sich keine Klümpchen bilden. Wenn die Sauce eingedickt ist, Parmesan, Salz, Pfeffer und Cayennepfeffer unterrühren. Vom Herd nehmen.

Backofen auf 200 °C vorheizen. Mit der restlichen Butter sechs kleine Ramequins einfetten. Die Eier trennen. Eiweiße in einer großen Schüssel steif schlagen. Die Bechamelsauce und die Eigelbe zu den Kohlblättern in den Mixer geben und alles glatt pürieren. Die Mischung in eine Schüssel gießen. Den Eischnee vorsichtig mit einem Löffel unterheben.

Die Ramequins zu drei Vierteln mit der Soufflémasse füllen. Auf ein Backblech stellen und im vorgeheizten Backofen 13 bis 14 Minuten backen, bis das Soufflé bis über den Rand der Förmchen aufgegangen und goldbraun ist.

Zum Servieren das Soufflé einschneiden und etwas *Bagna cauda* hineingeben.

FÜR 4–6 PERSONEN

—2–3 Schwarzkohlblätter mit
  Stielen (ca. 90 g)
—Salz
—120 g Butter
—75 g Mehl
—1 TL Backpulver
—400 ml Milch, erwärmt
—80 g frisch geriebener Parmesan
—frisch gemahlener Pfeffer
—½ TL Cayennepfeffer
—3 mittelgroße Eier

ZUM SERVIEREN
—*Bagna cauda* (siehe Seite 166)

FRITTATA DI PISELLI E CARCIOFI
Erbsen-Artischocken-Frittata

Wenn man Zwiebeln und Erbsen zusammen kocht, erhält man eine herrliche Sauce zu Pasta oder Reis, etwa für das klassische *Risi e bisi* aus Venedig. Gibt man noch Artischocken hinzu, erhält man die Grundlage für diese wundervolle *Frittata*, die als Vorspeise oder als Hauptgericht serviert werden kann.

Zwiebel, Erbsen, Artischocken und die Hälfte des Olivenöls in einen beschichteten Topf geben und ca. 50 Milliliter Wasser dazugießen. Das Gemüse kochen, bis das Wasser verdampft und die Erbsen *al dente* oder weich gegart sind.

Die Eier in einer großen Schüssel schaumig schlagen. Gemüse, Parmesan und Minze unterrühren. Nach Geschmack mit Salz und Pfeffer würzen.

Etwas Öl in einer 25 Zentimeter großen Pfanne erhitzen. Die Eiermischung hineingeben und die Frittata auf einer Seite etwa 10 Minuten bei geringer Hitze braten. Dabei die Frittata immer wieder mit einem Spatel vom Pfannenrand lösen, damit etwas von der flüssigen Mischung an den Pfannenboden gelangt und fest wird. Sobald die gesamte Eiermasse fest und keine Flüssigkeit mehr vorhanden ist, die Frittata wenden. Dafür einen Teller daraufsetzen, die Pfanne wenden. Das restliche Öl dazugeben, die Frittata vom Teller zurück in die Pfanne gleiten lassen und die Frittata auf der Unterseite in 5 bis 6 Minuten goldbraun braten.

Heiß oder kalt servieren.

FÜR 4–6 PERSONEN

—1 große Zwiebel, geschält und fein gewürfelt
—200 g frische Gartenerbsen, gepalt, oder TK-Erbsen
—4 kleine Artischockenherzen, in Scheiben geschnitten
—8 EL natives Olivenöl extra
—10 mittelgroße Eier
—30 g frisch geriebener Parmesan
—2 EL frische Minze, gehackt
—Salz
—frisch gemahlener Pfeffer

PANISSA
Reis mit Bohnen und Schweinefleisch

Dieses Gericht ist eine Spezialität der Städte Vercelli und Novara im Piemont. Es ist sehr nahrhaft und sättigend, denn schließlich muss es den Hunger der hart arbeitenden Bevölkerung stillen. Zubereitet wird es aus regionalen Zutaten – am besten mit Schweinefleisch und Bohnen aus Saluggia und Reis aus der Poebene.

Das Öl in einem großen Topf erhitzen und die Zwiebel darin in etwa 10 Minuten weich braten. Die Würste hineingeben und von beiden Seiten anbräunen.

Die eingeweichten Bohnen über einem Sieb abgießen und abtropfen lassen, zur Wurst in den Topf geben und alles mit Wasser bedecken. Die Mischung zum Kochen bringen und bei geringer Hitze zugedeckt etwa 1 ½ Stunden köcheln lassen. Bei Bedarf etwas mehr Wasser dazugeben. Über einem Sieb abgießen und abtropfen lassen. Die Würste herausnehmen und beiseitestellen.

Die Brühe in einem großen Topf erhitzen und warm halten.

Den Reis mit den Bohnen in einen Topf geben und, wie bei einem Risotto, nach und nach die kochend heiße Brühe hinzufügen. Hierfür jeweils eine Schöpfkelle Brühe dazugeben und alles köcheln lassen, bis die Brühe vollständig aufgesogen ist, dann die nächste Kelle dazugeben. 15 bis 20 Minuten weitergaren, bis der Reis *al dente* ist. Die Mischung sollte nicht zu viel Flüssigkeit enthalten.

Die Würste in Stücke schneiden und zur Reis-Bohnen-Mischung geben. Alles mit Salz und Pfeffer würzen und zum Servieren mit geriebenem Parmesan bestreuen.

FÜR 6 PERSONEN

—4 EL natives Olivenöl extra
—1 Zwiebel, geschält und fein gewürfelt
—6 luftgetrocknete italienische Rohwürste aus reinem Schweinefleisch, gehäutet (oder andere Schweinswürste mit Haut)
—300 g getrocknete *Saluggia*- oder *Borlotti*-Bohnen, 24 Stunden in Wasser eingeweicht
—1 ½ l Hühner- oder Gemüsebrühe
—300 g Risottoreis (z. B. *Carnaroli*- oder *Arborio*-Reis)
—Salz
—frisch gemahlener Pfeffer
—etwas frisch geriebener Parmesan zum Bestreuen

PASTA E FASULI
Pasta mit Bohnen

Fasuli ist Neapolitanisch für *Fagioli* (Bohnen). Diese Suppe aus Pasta und Bohnen ist inzwischen weltbekannt und steht in zahlreichen Restaurants, Cafés und Trattorien auf der Speisekarte. Es ist ein ländliches Gericht, das die Welt erobert hat, und es gibt davon so viele Varianten wie italienische Regionen – vielleicht sogar noch mehr! Alle jedoch basieren auf der gleichen Methode: Bohnen und Pasta werden mit einigen Aromazutaten – wie beispielsweise Fleisch oder Kräutern – gekocht. Diese Variante ist fleischlos und somit auch für Vegetarier geeignet. Fleischesser können auch 50 Gramm gewürfelten Parmaschinken in etwas Öl knusprig braten und vor dem Servieren darübergeben.

Getrocknete Bohnen über Nacht in Wasser einweichen und am nächsten Tag über einem Sieb abgießen und abtropfen lassen.

Die frischen oder getrockneten Bohnen mit 2 Litern Wasser in einen großen Topf geben. Zum Kochen bringen und leicht köcheln lassen, bis die Bohnen weich sind (etwa 1 Stunde bei frischen und 2 Stunden bei getrockneten Bohnen).

Das Olivenöl in einem großen Topf erhitzen und die Zwiebel darin in etwa 10 Minuten weich braten. Gewaschenes, trocken geschütteltes Basilikum und Rosmarin, Chili und Tomatenmark dazugeben und alles einige Minuten köcheln lassen. Die weich gekochten Bohnen mitsamt Kochwasser (oder die Dosenbohnen und die Brühe) sowie die Pasta dazugeben und alles zugedeckt etwa 10 Minuten kochen, bis die Pasta *al dente* ist. Mit Salz und Pfeffer würzen und zum Servieren mit etwas Olivenöl beträufeln.

FÜR 6 PERSONEN

— 300 g frische *Borlotti*-Bohnen oder 200 g getrocknete *Borlotti*-Bohnen (alternativ: 3 Dosen gekochte *Borlotti*-Bohnen à 400 g, abgegossen)
— 5 EL natives Olivenöl extra und etwas Öl zum Beträufeln
— 1 kleine Zwiebel, geschält und fein gewürfelt
— 2 EL frische Basilikumblätter
— 1 Zweig frischer Rosmarin
— 1 rote Chilischote, fein gehackt
— 1 EL Tomatenmark
— ggf. 1 l Hühner- oder Gemüsebrühe (wenn Bohnen aus der Dose verwendet werden)
— 150 g gemischte kleine Pasta
— Salz
— frisch gemahlener Pfeffer

FAVE E PROSCIUTTO
Dicke Bohnen mit Schinken

Für dieses einfache Bohnengericht werden nur junge und frische Bohnenkerne verwendet – am besten aus eigenem Anbau. Wenn die Bohnen etwas älter sind, ist die Innenhaut schon zu zäh, und Sie können die Schoten nicht mehr im Ganzen verwenden. Ich muss zugeben, dass ich die Schoten bisher immer weggeworfen und so etwa vier Fünftel des Gemüses verschwendet habe. Wenn Sie jedoch Dicke Bohnen aus dem eigenen Garten ernten, können Sie wunderbar beides verwenden, sowohl Schoten als auch Bohnenkerne.

Servieren Sie dieses Gericht mit Brot oder als Beilage zu Wild- oder Schweinefleisch. Sind keine frischen Bohnen erhältlich, können Sie auch tiefgekühlte Dicke Bohnen verwenden, allerdings ohne Schoten, und eventuell müssen Sie zuerst die grau-grünen Außenhäutchen entfernen.

Die Bohnen waschen und trocken tupfen. Bohnenkerne aus den Schoten lösen, Schoten von Spitzen und Stielansätzen befreien und in kleine Stücke schneiden.

Das Öl in einem großen Topf erhitzen und Zwiebeln darin in etwa 10 Minuten weich braten. Die Dicken Bohnen mitsamt den gewürfelten Schoten hineingeben, 125 Milliliter Wasser dazugießen und das Gemüse in etwa 10 Minuten weich garen.

Den Schinken dazugeben. Alles mit Salz und Pfeffer abschmecken und heiß servieren.

FÜR 4 PERSONEN

— 600 g sehr junge Dicke Bohnen (Ackerbohnen), noch in den Schoten
— 4 EL natives Olivenöl extra
— 2 mittelgroße weiße Zwiebeln, geschält und in dünne Scheiben geschnitten
— 100 g gekochter Schinken, fein gewürfelt
— Salz
— frisch gemahlener Pfeffer

FAGIOLINI BIANCHI AL PANGRATTATO
Wachsbohnen mit Butter und Paniermehl

Für dieses einfache Gericht verwende ich Wachsbohnen, die nicht nur genauso gekocht werden wie grüne Bohnen, sondern – bis auf die cremeweiße Farbe – auch ebenso aussehen. Sie eignen sich auch hervorragend für Salate, dieses Gericht jedoch wird als Beilage oder Vorspeise serviert.

Die Bohnen in einem Topf mit ausreichend kochendem Salzwasser in etwa 10 bis 12 Minuten weich garen.

Die Butter in einer kleinen Pfanne bei starker Hitze zerlassen, das Paniermehl dazugeben und unter ständigen Rühren goldbraun braten.

Die Bohnen über einem Sieb abgießen, abtropfen lassen und auf Teller verteilen. Jede Portion mit einem Viertel des Paniermehls bestreuen.

FÜR 4 PERSONEN

—600 g Wachsbohnen, von Spitzen und Stielansätzen befreit
—Salz
—30 g Butter
—70 g helles Paniermehl

TACCOLE AL POMODORO E PATATE
Zuckerschoten mit Tomaten und Kartoffeln

Zu dieser köstlichen Vorspeisensuppe gehört unbedingt ein gutes Brot. Wenn man etwas weniger wässrige Tomaten verwendet, kann man das Gericht auch gut als Beilage zu Hähnchen oder sogar Fisch servieren.

Das Öl in einem mittelgroßen Topf erhitzen und den Knoblauch darin einige Minuten anbraten. Tomaten, ungeschälte, gewaschene Kartoffeln und etwas Wasser dazugeben und alles etwa 15 Minuten köcheln lassen, bis die Kartoffeln fast durchgegart sind.

Zuckerschoten und Basilikum hinzufügen und alles nach Geschmack mit Salz und Pfeffer würzem. Sanft köcheln lassen, bis die Zuckerschoten bissfest oder weich gegart sind. Am besten heiß servieren.

FÜR 4 PERSONEN

— 4 EL natives Olivenöl extra
— 2 Knoblauchzehen, geschält und fein gewürfelt
— 2 große Tomaten, grob gewürfelt, oder 1 Dose stückige Tomaten (400 g)
— 300 g kleine neue Kartoffeln
— 500 g Zuckerschoten, von Spitzen und Stielansätzen befreit
— 2 EL frische Basilikumblätter, klein gezupft
— Salz
— frisch gemahlener Pfeffer

FAGIOLINI CON AGNELLO E PERE
Lammnacken mit Birnen und grünen Bohnen

Dieses Rezept ist dem traditionellen deutschen Rezept »Birnen, Bohnen und Speck« nachempfunden, wobei ich statt Schweinebauch Lammnacken verwende. Die Kombination aus Lamm, Gemüse und Früchten ist ebenso ungewöhnlich wie schmackhaft.

Lammnacken, Knoblauch und Zwiebeln in einen großen, schweren Topf geben und mit kaltem Wasser bedecken. Alles zum Kochen bringen und bei geringer Hitze 1 1/2 bis 2 Stunden köcheln lassen, bis sich das Fleisch vom Knochen löst.

Fett, das sich an der Oberfläche absetzt, abschöpfen.

Bohnen, Birnen und Oregano zu den restlichen Zutaten in den Topf geben. Nach Geschmack mit Salz und Pfeffer würzen und 15 bis 20 Minuten sanft weitergaren, bis die Birnen weich sind.

Lammfleisch, Bohnen und Birnen zusammen mit etwas Kochflüssigkeit servieren. Dazu passen gekochte Kartoffeln.

FÜR 4 PERSONEN

—2 fleischige Lammnacken am Knochen (à 500 g)
—4 Knoblauchzehen, geschält und fein gewürfelt
—2 kleine Zwiebeln, geschält und in Scheiben geschnitten
—400 g grüne Bohnen, von Spitzen und Stielansätzen befreit und halbiert
—4 große feste Birnen, geschält, geviertelt und vom Kerngehäuse befreit
—1 kleiner Stängel frischer Oregano
—Salz
—frisch gemahlener Pfeffer

Schoten und Samen

67

FAGIOLI DI SOIA CON TONNO E CIPOLLA
Edamame-Salat mit Thunfisch und Zwiebeln

Sojabohnen sind inzwischen eine bedeutende Erweiterung der italienischen Landwirtschaft. Dieses Rezept ist ein Klassiker und wird für gewöhnlich aus *Borlotti*-Bohnen zubereitet. Sojabohnen kann man normalerweise zwar nicht frisch kaufen, dafür aber tiefgekühlt unter der Bezeichnung Edamame (unreife Sojabohnen). Edamame werden oft auch als ganze Schoten angeboten, aber für dieses Rezept benötigen Sie nur die Bohnenkerne.

Zwiebeln schälen oder Frühlingszwiebeln waschen. Nach Belieben etwa 30 Minuten in einer Schüssel mit Wasser einweichen, um ihnen etwas die Schärfe zu nehmen. Über einem Sieb abgießen, abtropfen lassen und in sehr dünne Scheiben schneiden. Die Bohnen etwa 8 Minuten in einem Topf mit kochendem Salzwasser garen, tiefgekühlte Bohnen entsprechend länger. Abgießen und abtropfen lassen.

Den Thunfisch in kleine Stücke teilen und in eine Servierschüssel geben, Zwiebeln oder Frühlingszwiebeln und Bohnen hinzufügen. Nach Geschmack mit Salz und Pfeffer würzen.

Öl und Zitronensaft mischen und nach Geschmack mit Salz und Pfeffer würzen. Dressing über den Salat geben. Mit gehackten Sellerieblättern und Zitronenhälften garnieren und mit frischem Landbrot als *Antipasto* servieren.

FÜR 4 PERSONEN

—4–6 kleine weiße Zwiebeln oder Frühlingszwiebeln
—500 g Edamame-Bohnenkerne (frisch oder TK)
—Salz
—200 g Thunfisch in Öl, abgetropft
—frisch gemahlener Pfeffer
—6 EL natives Olivenöl extra
—Saft von 1 Zitrone und einige unbehandelte Zitronen, halbiert, zum Garnieren
—2 EL Sellerieblätter, fein gehackt

FRITTEDDA
Sizilianischer Frühlingseintopf

Dieser Eintopf aus saisonalem Gemüse schmeckt einfach herrlich – vorausgesetzt, Sie bekommen die richtigen Zutaten zur richtigen Jahreszeit. In Italien sind hierfür – je nach Region – März und April die besten Monate. Die Sizilianer servieren das Gericht als appetitmachende Vorspeise.

Das Gemüse zusammen mit Petersilie und Kapern in eine Kasserolle mit Deckel geben. Olivenöl dazugeben und bis zur halben Höhe der Gemüsemischung mit Wasser aufgießen. Alles zugedeckt etwa 20 Minuten sanft köcheln lassen und mit Salz und Pfeffer abgeschmeckt servieren.

Dazu *Panelle* reichen (siehe Seite 203).

FÜR 4–6 PERSONEN

—600 g kleine zarte Artischocken, von den zähen Außenblättern befreit und halbiert
—400 g junge weiße Zwiebeln, geschält und in dünne Scheiben geschnitten
—300 g Gartenerbsen, gepalt
—300 g junge Dicke-Bohnen-Kerne
—4 EL frische glatte Petersilie, grob gehackt
—1 EL gesalzene Kapern, gewässert (siehe Seite 75)
—100 ml natives Olivenöl extra
—Salz
—frisch gemahlener Pfeffer

CARCIOFI RIPIENI
Gefüllte Artischocken

Für dieses Gericht sollten Sie bevorzugt die nicht zu großen und besonders köstlichen italienischen Artischocken aus Apulien, Sizilien oder Sardinien verwenden, die stachlige, spitze Dornen aufweisen. Die zartesten von ihnen haben nur wenig Heu und lassen sich im Ganzen verspeisen, wenn man Außenblätter und Spitzen entfernt.

Die Kapern zum Entsalzen 15 Minuten in einer Schüssel mit kaltem Wasser einweichen, über einem Sieb abgießen und gut abtropfen lassen.

Das Brot in eine Schüssel geben und Milch dazugießen, kurz darin einweichen und die überschüssige Milch ausdrücken. Kapern, Knoblauch, Petersilie, Eigelbe, Öl und etwas Salz und Pfeffer dazugeben und alles zu einer weichen Paste vermischen.

Die Artischockenblätter auseinanderbiegen. Die Füllung mit einem Teelöffel in die Mitte der Artischocken geben.

Die Artischocken in einer Kasserolle oder einem Schmor-topf eng nebeneinandersetzen. Öl und so viel kochendes Wasser darübergießen, dass nur noch die Artischocken-spitzen (ca. 1 Zentimeter weit) herausragen. Zugedeckt erhitzen und aufkochen lassen. Die Hitze reduzieren und die Artischocken in etwa 35 Minuten weich garen. Für die Garprobe mit einem scharfen Messer einstechen.

Die gefüllten Artischocken heiß oder kalt entweder als ersten Gang oder als Beilage zu Fleisch- und Fischgerichten servieren.

FÜR 8 PERSONEN

—24 kleine frische Artischocken, von zähen Außenblättern und Heu befreit
—125 ml natives Olivenöl extra

FÜLLUNG
—1 EL gesalzene Kapern, gewässert (siehe links) und gehackt
—150 g fein geriebenes frisches Weißbrot oder gewürfeltes Toastbrot
—4 EL Milch
—2 Knoblauchzehen, geschält und zerdrückt
—2 EL frische glatte Petersilie, grob gehackt
—2 mittelgroße Eigelb
—2 EL natives Olivenöl extra
—Salz
—frisch gemahlener Pfeffer

Stängel und Sprossen

75

CARCIOFINI SOTT'OLIO
In Öl eingelegte Artischocken

Zu den begehrtesten italienischen *Antipasti* zählen *Carciofini sott'olio*. Dafür benötigen Sie kleine Artischocken, die in Italien speziell für diesen Zweck verkauft werden. Die kleinsten Artischocken sind diejenigen, die direkt am Stängel der Pflanze wachsen, vergleichbar mit Rosenkohl.

Außerdem benötigen Sie ein großes oder mehrere kleine Einmachgläser. Diese müssen vor dem Befüllen sterilisiert werden. Dafür die Gläser entweder in der Spülmaschine reinigen oder etwa 20 Minuten im Backofen erhitzen.

Die Artischocken von sämtlichen zähen Bestandteilen und Blättern befreien, sodass nur die etwa walnussgroßen Herzen übrig bleiben.

Essig, Salz und 200 Milliliter Wasser in einem großen Topf zum Kochen bringen. Die Artischocken vorsichtig hineingeben und bei geringer Hitze 30 bis 40 Minuten kochen, bis sie auch in der Mitte weich sind.

Über einem sterilisierten Sieb abgießen und abtropfen lassen. Zum Abkühlen auf ein sehr sauberes Geschirrtuch geben (nicht mit den Händen berühren). Einige Artischocken mit einem sauberen Löffel in ein sterilisiertes Glas füllen und mit etwas Pfeffer würzen. Etwas Öl daraufgeben und das Glas weiter mit Artischockenherzen, Pfeffer und Öl füllen. Zum Schluss mit Öl bedecken, das Glas mit einem Deckel verschließen und etikettieren.

Die Artischocken lassen sich an einem kühlen Ort einige Monate aufbewahren. Nach dem Öffnen zügig aufbrauchen. Werden die Artischocken im Kühlschrank aufbewahrt, kann das Öl flockig und geleeartig werden. Bei Raumtemperatur wird es jedoch schnell wieder flüssig.

ERGIBT 1 GLAS À 1,5 KILOGRAMM

—1,5 kg sehr kleine Artischocken (*Carciofini*)
—1 l kräftiger Weißweinessig
—50 g Salz
—frisch gemahlener Pfeffer
—etwas natives Olivenöl extra

PINZIMONIO
Rohkostplatte mit Essig-Öl-Dip

Zu den ungewöhnlichsten Essgewohnheiten in Norditalien und in der Toskana gehört das Verspeisen von rohem, zartem Gemüse mit einem Dip aus Olivenöl, Essig, Salz und Pfeffer. Diese Rohkostplatte wird zum Auftakt sommerlicher Mahlzeiten serviert, begleitet von frischem, knusprigem Brot. Das winterliche Äquivalent zu diesem Dip ist die *Bagna cauda* aus dem Piemont (siehe Seite 166). Dieser Gemüse-Dip wird jedoch warm serviert.

Gemüse je nach Sorte schälen oder waschen. Holzige Enden vom Spargel abschneiden, Artischockenherzen vierteln, Selleriestangen halbieren und Fenchelknollen achteln. Restliches Gemüse zu Sticks schneiden.

Olivenöl und Essig portionsweise auf kleine Schälchen verteilen oder in eine einzelne große Schüssel füllen und nach Geschmack mit Salz und Pfeffer würzen.

Beim Verzehren das Gemüse in den Dip tauchen und dabei auch etwas Salz und Essig vom Schälchen- oder Schüsselboden aufnehmen. Dazu passt frisches Landbrot.

FÜR 4–6 PERSONEN

—8 Spargelstangen
—8 Frühlingszwiebeln
—8 kleine, zarte Karotten
—2 kleine Gurken
—4 Artischockenherzen
—4 kleine Selleriestangen
—2 Fenchelknollen

DIP
—150 ml natives Olivenöl extra
—4–6 TL Weißweinessig oder Balsamico
—Salz
—frisch gemahlener Pfeffer

FRITTATA CON ASPARAGI E CIPOLLE
Spargel-Zwiebel-Frittata

Dieses Gericht ist ideal als Vorspeise oder für ein Picknick, denn es schmeckt auch kalt sehr gut. Selbstverständlich kann man es auch als Hauptgang servieren, dann allerdings für weniger Personen.

Die Spargelstücke 10 bis 12 Minuten in einem Topf mit ausreichend Salzwasser kochen. Über einem Sieb abgießen und abtropfen lassen.

Die Hälfte des Olivenöls in einer 25 Zentimeter großen Pfanne erhitzen. Die Zwiebeln hineingeben und in etwa 10 Minuten weich braten, aber nicht anbräunen lassen. Den Spargel dazugeben.

Die Eier in einer Schüssel verquirlen, Parmesan und Petersilie dazugeben und alles mit Salz und Pfeffer würzen.

Die Zwiebel-Spargel-Mischung stark erhitzen und etwas mehr Öl hinzufügen. Die Hitze reduzieren, die Eiermischung hineingeben und die Frittata auf einer Seite etwa 10 Minuten sanft braten. Dabei hin und wieder mit einem Spatel vom Pfannenrand lösen, damit etwas von der flüssigen Mischung an den Pfannenboden gelangt und fest wird. Sobald die gesamte Eiermasse fest ist und keine Flüssigkeit mehr vorhanden ist, die Frittata wenden. Dafür einen Teller auf die Frittata setzen, die Pfanne wenden, das restliche Öl in die Pfanne geben und die Frittata vom Teller zurück in die Pfanne gleiten lassen. Die Frittata auf der anderen Seite in 5 bis 6 Minuten goldbraun braten.

Heiß oder kalt servieren.

FÜR 4–6 PERSONEN

- 1 Bund grüner Spargel, Stangen geschält und in 3 Stücke geschnitten
- Salz
- 6 EL natives Olivenöl extra
- 400 g weiße Zwiebeln, geschält und in dünne Scheiben geschnitten
- 10 mittelgroße Eier
- 50 g frisch geriebener Parmesan
- frisch gemahlener Pfeffer
- 2 EL frische glatte Petersilie, fein gehackt

ASPARAGI AL BURRO E PARMIGIANO
Spargel mit Butter und Parmesan

Eine der einfachsten Arten, frischen Spargel auf italienische Art zu genießen, ist mit etwas zerlassener Butter (oder feinstem Olivenöl) und frisch geriebenem Parmesan – so unkompliziert, dass man eigentlich gar kein Rezept braucht. In Italien bekommt man weißen oder grünen Spargel, wobei der weiße ein etwas feineres Aroma besitzt.

Servieren Sie das Gericht als Vorspeise oder leichtes Mittagessen. Wenn Sie es etwas gehaltvoller mögen, können Sie den Spargel mit Spiegeleiern servieren.

Die holzigen Enden der Spargelstangen abschneiden, den unteren Teil der Stangen schälen. Die Spargelstangen in einem Topf mit ausreichend leicht gesalzenem Wasser 15 bis 20 Minuten *al dente* kochen. Über einem Sieb abgießen und abtropfen lassen.

Die Spargelstangen auf Teller verteilen und etwas zerlassene Butter und frisch geriebenen Parmesan darübergeben. Zum Schluss mit etwas Pfeffer bestreuen.

Mit Knoblauchbrot oder *Bruschetta* servieren (siehe Seite 119).

FÜR 4 PERSONEN

—1 kg mittelgroße grüne oder
   weiße Spargelstangen
—Salz
—60 g Butter, zerlassen
—60 g frisch geriebener Parmesan
—frisch gemahlener Pfeffer

ZUPPA DI CARDO E GNOCCHI DI POLLO
Cardy-Suppe mit Hähnchenhackbällchen

Das exquisite Aroma des Cardy harmoniert sehr gut mit den Hähnchenfleischbällchen mit ihrem ebenfalls sehr feinen Geschmack. Manchmal verwende ich auch die dicken weißen Stiele von Mangold oder Stangensellerie für eine ähnlich delikate Suppe. Vergessen Sie nicht, die Fäden an den Cardystielen zu entfernen!

Die Hühnerbrühe in einem großen Topf zum Kochen bringen. Cardy und ungeschälte Knoblauchzehen hinzufügen, nach Geschmack mit Salz, Pfeffer und Muskat würzen und alles etwa 30 Minuten köcheln lassen, bis das Gemüse weich ist. Die Knoblauchzehen herausnehmen.

Alle Zutaten für die Hähnchenhackbällchen gut mischen. Die Mischung mit den Händen zu walnussgroßen Bällchen formen.

Die Bällchen in die Suppe geben und alles 10 bis 15 Minuten kochen. Die Suppe nach Belieben mit etwas geriebenem Parmesan bestreuen und heiß servieren.

FÜR 4 PERSONEN

—1 ½ l Hühnerbrühe
—300 g Cardy, die zarten Stiele in 2,5 cm große Stücke geschnitten
—2 Knoblauchzehen
—Salz
—frisch gemahlener Pfeffer
—etwas frisch geriebene Muskatnuss
—etwas frisch geriebener Parmesan zum Bestreuen (nach Belieben)

HÄHNCHENHACKBÄLLCHEN
—200 g Hähnchenhackfleisch
—1 Knoblauchzehe, geschält und zerdrückt
—etwas frisch geriebene Muskatnuss
—50 g frisch geriebener Parmesan
—1 EL frische glatte Petersilie, sehr fein gehackt
—4 EL fein geriebenes frisches Weißbrot
—2 mittelgroße Eier, verquirlt

CARDI AL FORNO
Überbackener Cardy

Statt Cardy können Sie auch blanchierte Fenchel- oder Knollen-selleriescheiben verwenden. Vor dem Garen mit einem scharfen Messer die Fäden von den Stielen abziehen.

Den Cardy in einem Topf mit ausreichend Salzwasser 15 bis 20 Minuten kochen, bis er beinahe weich ist. Über einem Sieb abgießen und abtropfen lassen.

Backofen auf 200 °C vorheizen.

Die Cardystücke dachziegelartig in eine gefettete ofenfeste Form schichten. Butter, Paniermehl und Parmesan darüber-geben. Mit Salz, Pfeffer und Muskat würzen.

Im vorgeheizten Backofen in etwa 15 Minuten goldbraun backen. Als Beilage zu Fleisch oder Fisch servieren.

FÜR 4 PERSONEN

— 600 g Cardy, die zarten Stiele in 7,5 cm große Stücke geschnitten
— 60 g Butter, in kleine Stücke geschnitten, und etwas Butter für die Form
— 60 g helles Paniermehl
— 60 g frisch geriebener Parmesan
— Salz
— frisch gemahlener Pfeffer
— frisch geriebene Muskatnuss

LINGUINE CON FINOCCHIO E GAMBERETTI
Linguine mit Fenchel und Garnelen

Die Idee zu dieser Sauce kam mir rein zufällig, als ich entdeckte, dass ich nur noch Fenchel und Garnelen im Kühlschrank hatte. Sie ist sehr elegant und schmackhaft.

Für die Sauce Öl und Butter in einer großen Pfanne erhitzen und die Schalotten darin etwa 10 Minuten sanft anbraten. Fenchel und Wein hinzufügen und etwa 10 Minuten köcheln lassen, bis der Fenchel weich ist. Bei Bedarf etwas Wasser dazugießen.

Die Pasta in einem Topf mit ausreichend kochendem Salzwasser in 6 bis 7 Minuten *al dente* garen. Über einem Sieb abgießen und abtropfen lassen.

Die geschälten Garnelen zum Fenchel in die Pfanne geben und noch etwa 5 Minuten mitgaren. Mit Salz, reichlich Pfeffer und Dill würzen. Die *Linguine* mit der Sauce mischen und heiß servieren.

FÜR 4 PERSONEN

—350 g *Linguine*
—Salz

SAUCE
—50 ml natives Olivenöl extra
—50 g Butter
—2 kleine Schalotten, geschält und fein gewürfelt
—500 g zarter Fenchel aus dem inneren Teil der Knolle, fein gewürfelt
—50 ml trockener Weißwein
—300 g frische große Garnelen, geschält
—Salz
—frisch gemahlener Pfeffer
—1 EL frischer Dill, fein gehackt

Stängel und Sprossen

INSALATA
DI CAMPO
PRIMAVERA
Frühlingssalat
Seite 86

INSALATA DI CAMPO PRIMAVERA
Frühlingssalat

Im Frühjahr sieht man in Italien und Frankreich immer wieder Leute auf den Wiesen, die sich, mit Körben und Messern bewaffnet, nach den zarten Trieben von Löwenzahn, Sauerampfer oder Bärlauch bücken. Dieses Essen kostet keinen Cent, und das Wildgemüse wächst überall!

Ich bereite diesen Salat traditionell an Ostern zu und serviere ihn mit *Bruschetta*, also getoasteten Ciabatta-Scheiben.

Wildgemüse gründlich waschen und trocken schütteln. Die trockenen Blätter in einer Schüssel mischen.

Alle Zutaten für die Vinaigrette in eine Schüssel oder ein Glas geben und kräftig verrühren oder schütteln, bis eine glatte Emulsion entsteht.

Die *Bruschetta* zubereiten (siehe Seite 119). Die Wachteleier halbieren. Die Anchovis abtropfen lassen.

Die Vinaigrette über die Salatblätter in der Schüssel geben und alles vermischen. Mit halbierten Wachteleiern, Anchovisfilets und gewaschenen, trocken geschüttelten Blüten garnieren und *Bruschetta* dazu reichen.

FÜR 4 PERSONEN

—150 g junger Löwenzahn
—50 g junger Sauerampfer
—100 g zarter Bärlauch
—50 g wilder Rucola

VINAIGRETTE
—50 ml natives Olivenöl extra
—2 EL Weißweinessig oder Balsamico
—Salz
—frisch gemahlener Pfeffer

ZUM SERVIEREN
—8 Scheiben *Bruschetta* (siehe Seite 119)
—12 Wachteleier, hart gekocht und geschält
—12 Anchovisfilets in Öl
—einige essbare Blüten (z. B. Schlüsselblumen, Veilchen)

INSALATA VERDE
Gemischter grüner Salat

Ein grüner Salat scheint auf den ersten Blick eine unkomplizierte Angelegenheit zu sein, doch seine Geschmacksrichtungen und Zubereitungsmethoden sind recht vielfältig. So regen frische, knackige grüne Blätter vor einer Mahlzeit genossen, vor allem kombiniert mit gutem Weißweinessig oder Zitronensaft, die Magensäfte an. Die Zusammenstellung der Salatmischung bleibt dabei jedem selbst überlassen. Ich gebe die Dressingzutaten meist nacheinander direkt auf den Salat und beginne dabei mit dem Öl, nicht mit Essig und Salz, weil die Blätter sonst schnell an Knackigkeit verlieren. Manchmal bereichert auch eine Prise Zucker den Geschmack, vor allem bei leicht bitteren Blättern. Sie können das Dressing aber auch separat anrühren und kräftig durchmischen, bevor Sie es über den Salat geben.

Servieren Sie diesen Salat als Vorspeise mit *Grissini* oder Brot. Ich empfehle, lieber keinen Wein dazu zu trinken, da er sich mit der Säure des Salats nicht gut verträgt.

Salatblätter waschen und trocken schleudern. Die Blätter in eine große Salatschüssel geben.

Öl, Essig, Salz, Pfeffer und Zucker in einer kleinen Schüssel oder einem Schraubdeckelglas mischen. Das Dressing über den Salat geben und gut untermischen. Sofort servieren.

FÜR 4 PERSONEN

—400 g sehr frische grüne Salatblätter (z. B. Romanasalat, Brunnenkresse, Rucola, junger Blattspinat, Feldsalat)

VINAIGRETTE
—50 ml natives Olivenöl extra
—2 EL Weißweinessig oder Saft von ½ Zitrone
—Salz
—frisch gemahlener Pfeffer
—½ TL Zucker

RISOTTO ALL'ACETOSA
Sauerampfer-Risotto

Die perfekte Balance von buttrig-cremigem Reis und der feinen Säure des Sauerampfers, vor allem der wild wachsenden Variante, hat etwas wahrhaft Erhabenes. Die ideale Reissorte für dieses Gericht ist *Acquerello Carnaroli* oder ein Reis von vergleichbar hoher Qualität. Dieser Reis hat eine Textur wie kein anderer und lässt sich am besten *al dente* kochen.

Die Brühe in einem großen Topf auf der Herdplatte warm halten.

Das Olivenöl in einer großen Pfanne erhitzen und die Zwiebel darin in etwa 10 Minuten weich braten. Den Reis hinzugeben und umrühren, um die Körner mit Öl zu überziehen. Die heiße Brühe schöpfkellenweise hinzufügen. Nach jeder Zugabe umrühren und erst mehr Brühe hinzufügen, wenn die gesamte Flüssigkeit aufgesogen ist.

Nach etwa 5 Minuten etwas Salz und die Sauerampferblätter einrühren. Weiter köcheln lassen, umrühren und immer wieder etwas Brühe hinzugeben. Nach etwa 15 Minuten probieren, ob der Reis die gewünschte Bissfestigkeit erreicht hat. Das Risotto sollte feucht, aber nicht nass sein.

Wenn das Risotto fertig ist, vom Herd nehmen, Parmesan und Butter untermischen, mit etwas Pfeffer bestreuen und servieren.

FÜR 4 PERSONEN

— 2 l heiße Hühner- oder Gemüsebrühe
— 3 EL natives Olivenöl extra
— 1 mittelgroße Zwiebel, geschält und
   fein gewürfelt
— 350 g Risottoreis (z. B. *Carnaroli*)
— Salz
— 200 g frische Sauerampferblätter,
   zähe Stielenden entfernt
— 50 g frisch geriebener Parmesan
— 60 g Butter
— frisch gemahlener Pfeffer

INSALATA DI DUE RADICCHI CON SPECK
Salat aus Radicchio und Chicoree mit Speck

Dies ist ein herrlicher Salat aus der Region Veneto, wo während der Saison drei verschiedene Radicchiosorten wachsen: Treviso, Chioggia und Castelfranco. Ich verwende für dieses Rezept *Treviso-Radicchio*, da er am einfachsten zu bekommen ist. Als Salatbegleitung nehme ich den langblättrigen Chicoree. Eine Radicchio-Sorte aus Treviso, der *Tardivo di Treviso*, ist auch noch später im Jahr, bis in den Dezember hinein, erhältlich (*Tardivo* bedeutet »verspätet«). Nicht nur im Hinblick darauf, sondern auch geschmacklich ist er mit seinen kräftigen bitteren Akzenten etwas ganz Besonderes. *Tardivo di Treviso* kann gegrillt, gedünstet, gebraten oder als Salat zubereitet werden – man macht sogar Grappa daraus!

Beide Salatsorten waschen und trocken schleudern. Die Blätter in 5 Zentimeter große Stücke schneiden. Die Stücke in eine große Schüssel geben und mit dem Speck mischen.

Zutaten für die Vinaigrette in einem Schraubdeckelglas oder einer Schüssel mischen. Die Vinaigrette über den Salat geben und gut untermischen. Den Salat als Vorspeise oder als Beilage servieren. Besonders köstlich schmeckt er mit dem guten dunklen Brot aus der Region.

FÜR 4–6 PERSONEN

—1 großer Kopf *Radicchio di Treviso* (ca. 250 g)
—1 mittelgroßer Kopf Chicoree (ca. 250 g)
—70 g magerer Speck, in feine Streifen geschnitten

VINAIGRETTE
—5 EL natives Olivenöl extra
—3 EL Balsamico
—½ TL Zucker
—Salz
—frisch gemahlener Pfeffer

WURZELGEMÜSE

Wurzelgemüse assoziiert man eher mit der Küche der nord- und osteuropäischen Länder, doch einige kennen und mögen wir auch in Italien. Alle bekannten Sorten von Wurzelgemüse wachsen unter der Erde. Auch wenn sie in ihrer Gesamtheit meist als Wurzeln bezeichnet werden, handelt es sich bei vielen in Wirklichkeit um Knollen, verdickte Sprossachsen, Rhizome oder Bulben. Die Kartoffel zum Beispiel – vielleicht das bekannteste Wurzelgemüse – ist eigentlich eine Knolle. Auch die Zwiebel wird oft dem Wurzelgemüse zugerechnet, ist aber in Wirklichkeit eine Bulbe.

Ich finde, Wurzelgemüse ist – schon aufgrund seiner ständigen Verfügbarkeit rund ums Jahr – ein sehr dankbares Gemüse. Denn Lebensmittel, die über der Erde wachsen, haben eine stark begrenzte Lebensdauer. Wurzeln hingegen sind sehr lange haltbar, da sie sich im Keller, in einer kühlen Vorratskammer oder auch im Freien gut lagern lassen. Wurzelgemüse war über alle Zeiten hinweg das Hauptnahrungsmittel vieler Zivilisationen. Da es sich dabei um die Speicherorgane von Pflanzen handelt, sind sie reich an Kohlenhydraten und somit ein wesentlicher Bestandteil der menschlichen Ernährung. Sie werden oft zur bäuerlichen Küche gezählt, die man in Italien auch als *Cucina povera* – »Armeleuteküche« – bezeichnet.

ECHTES WURZELGEMÜSE

Echtes Wurzelgemüse wächst unter der Erde und besteht aus der Haupt- oder Pfahlwurzel einer Pflanze – der ersten Wurzel, die sich aus dem Samen bildet. Mit dieser nimmt sie Wasser und Nährstoffe aus der umgebenden Erde auf. Hierzu zählen zum Beispiel Rote Bete, Karotte, Pastinake, Rettich, Speise- und Steckrübe, Schwarzwurzel (*Scorzonera*) und Meerrettich. Ihre Blätter wachsen oberhalb der Erde, und manche davon kann man ebenfalls essen – etwa die von Roter Bete, Karotte, Speiserübe (etwa *Cima di rapa*) und Radieschen, um nur einige zu nennen.

Rote Bete (*Barbabietola*) ist eine echte Wurzel, die jedoch rund und nicht länglich-spitz ist. Sie ist ein Gemüse, das man gemeinhin mit nord- und osteuropäischen Ländern verbindet. Von Zeit zu Zeit findet sie jedoch auch ihren Weg in die italienische Küche. Rote Bete ist normalerweise von dunkelroter Farbe, obwohl es auch helle Sorten gibt – und sogar eine italienische Varietät mit roten und weißen Streifen. Meine Mutter kaufte Rote Bete meist vorgegart und bereitete die Scheiben mit einem Dressing aus Öl, Zitrone und Petersilie zu. Für Salate kombiniere ich sie – zugegebenermaßen nicht sehr italienisch – gerne mit Koriander. Man kann sie kochen oder (in Alufolie gewickelt) im Ofen backen. Am allerbesten schmeckt sie jedoch in der Glut eines Lagerfeuers gegart. Als eines der süßesten Gemüse wird die Rote Bete im Aostatal in Sahnesauce und in der Emilia-Romagna in Bechamelsauce gebacken. Sie ist auch fester Bestandteil der ligurischen Festtagsspezialität *Cappon magro*, einem geschichteten Salat aus Gemüse, Fisch und Meeresfrüchten. In der italienischen Küche wird Rote Bete auch zum Einfärben von Pasta und für die Zubereitung vegetarischer *Lasagne* (siehe Seite 104) verwendet. Die Blätter sind dunkelgrün mit roten Adern und werden hin und wieder auf italienischen Märkten angeboten. Man verwendet sie für Suppen oder bereitet sie wie Spinat oder Mangold zu. Außerdem sind sie, mit Ricotta gemischt, eine leckere Füllung für *Ravioli*.

Die **Möhre** oder **Karotte** (*Carota*) ist ebenfalls eine echte Wurzel. Die ersten wilden Karotten waren weiß, lang und dünn. Bei den ersten Züchtungsversuchen entwickelten sich auch rote, violette und schwarze Wurzeln. Vermutlich waren es die Holländer, denen wir die allseits bekannte orangefarbene Karotte zu verdanken haben – und dies erst seit dem 17. Jahrhundert. Karotten sind süß, voller Geschmack und enthalten viele Nährstoffe – vor allem Vitamin A, das gut für die Augen ist.

Die Karotte ist eines der wenigen Wurzelgemüse, die man auch roh essen kann. In Italien halbieren wir junge Karotten und essen sie als Rohkost mit Dips (etwa *Bagna cauda*) oder auch im Ganzen in einem *Bollito misto* (norditalienischer Fleischtopf). Größere Karotten raspeln wir in Salate oder machen Saft daraus. Sie werden – meist gedämpft oder gebraten, nicht gekocht – als Gemüsebeilage oder Vorspeise serviert. Am meisten werden Karotten als Gemüsegrundlage geschätzt. So gehören sie neben Zwiebeln und Sellerie zu den essenziellen Zutaten für das italienische *Battuto* (Sauce aus fein gehacktem Gemüse und Kräutern) und *Soffritto* (die Basis vieler Fleischsaucen). Außerdem spielen sie in vielen klassischen Suppen, Brühen und Eintöpfen eine große Rolle. In Italien verwenden wir Karotten auch für *Giardiniera*, eine Vorspeise aus eingelegtem Gemüse, oder wir machen daraus einen Karottenkuchen (siehe Seite 109).

Die **Pastinake** (*Pastinaca* oder *Pastinache*), eine weitere echte Wurzel, wird in Italien nicht allzu oft verwendet. Seit ich in England lebe, habe ich sie jedoch zu schätzen gelernt. So passen im Ofen gegarte Pastinaken beispielsweise hervorragend zum traditionellen sonntäglichen Rinderbraten. Daneben gibt es auch ein außergewöhnliches Brot, das aus geriebenen rohen Pastinaken hergestellt wird, und auch als Püree oder Suppe ist das Gemüse sehr schmackhaft. Vor der Entdeckung der Kartoffel waren Pastinaken in der europäischen Ernährung die bevorzugte Stärkequelle.

Auch die **Speiserübe** (*Rapa*), ebenfalls eine echte Wurzel, ist eine herrliche Gemüsesorte. Hierbei handelt es sich um eine Pfahlwurzel, die unterirdisch als dicke, runde Knolle wächst. Das Wurzelgemüse ist in zwei Größen und zu unterschiedlichen Jahreszeiten erhältlich: Die kleinen, früh geernteten Mairübchen sind weiß-violett (und ähneln damit ihrem engen Verwandten, dem Radieschen). Herbstrüben hingegen sind

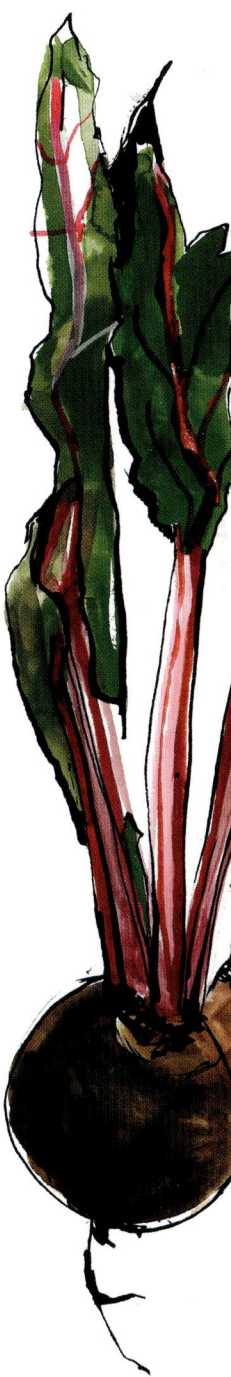

erst im Winter erhältlich und erinnern eher an einen anderen Verwandten, die Kohl- oder Steckrübe. Kleine Rüben können gerieben und roh oder gedünstet mit Butter gegessen oder auch mit Käse überbacken zubereitet werden. Größere Speiserüben sind bisweilen etwas faserig und bitter im Geschmack, doch geschält lassen sie sich gut kochen, etwa zu einem Püree. Auch die Blätter der Speiserüben (nicht zu verwechseln mit *Cima di rapa*) sind essbar (siehe auch Blattgemüse, Seite 21).

Die **Steckrübe** (*Rapa svedese*) ist nahe verwandt mit den Speiserüben, und ihren italienischen, wie auch den englischen Namen *Swede* verdankt sie der Tatsache, dass sie im 17. Jahrhundert in Schweden angebaut und wahrscheinlich auch gezüchtet wurde. In Italien kochen wir nicht viel mit dieser großen, eher groben Wurzel, aber sie ergibt ein gutes Gemüsepüree.

Schwarzwurzeln (*Scorzonera*) und **Haferwurzeln** sind längliche, spitz zulaufende echte Wurzeln. Beide haben ein weißes Fleisch, Haferwurzeln haben eine helle und Schwarzwurzeln – wie der Name schon sagt – eine schwarze Haut. In Italien kennen wir nur die Schwarzwurzeln. Beim Schälen sind sie sehr klebrig. Die Wurzeln können gedämpft, gekocht, gebacken, gebraten oder in Suppen verwendet werden.

Rettiche (*Ravanello*) und **Radieschen** gehören zu den wenigen echten Wurzeln, die meist roh gegessen werden. Rettiche gibt es in verschiedenen Formen – von rundlich bis länglich – und Farben, alle jedoch weisen einen scharfen, frischen Geschmack auf. Ich verwende Radieschen gern für Salate und *Antipasti*.

Meerrettich (auf Italienisch *Cren*, *Kreen* oder *Rafano*) ist eine weitere echte Wurzel, die überall in Italien und weiten Teilen Nordeuropas wild wächst. Anders als andere Wurzeln wird er nicht als Gemüse gegessen, sondern aufgrund seines brennend scharfen, stechenden Geschmacks eher zum Würzen verwendet. Wenn Sie eine rohe Wurzel schälen und reiben, sollten Sie eine Schutzbrille tragen, da die austretenden Säfte die Augen reizen. Meerrettich wird im Norden Italiens oft verwendet – meist als Beilage zu verschiedenen Schweinefleischgerichten. Mein absoluter Favorit sind gekochte *Debrecziner* – eine geräucherte osteuropäische Wurstspezialität – mit geriebenem Meerrettich.

SONSTIGES WURZELGEMÜSE

Das im Folgenden beschriebene »Wurzelgemüse« wächst unter der Erde, dabei handelt es sich allerdings nicht um Pfahlwurzeln. Vielmehr sind es eigentlich unterirdische Sprossachsen. Hierzu gehören Knollen, Bulben (Zwiebeln) und Rhizome.

Knollen sind verdickte Sprossachsen und keine Wurzeln, die eher in die Breite als in die Länge wachsen. Die Knolle ist ein Speicherorgan der Pflanze. Die **Kartoffel** (*Patata*) ist eine solche Knolle, und obwohl es uns manchmal scheint, als sei sie schon immer da, gibt es sie in Europa erst seit dem 17. Jahrhundert, als die spanischen Eroberer Tomaten, Kartoffeln, Paprika, Truthähne, Kakao, Tabak und vieles mehr vom neu entdeckten amerikanischen Kontinent mitbrachten. In Irland wurden Kartoffeln zum Grundnahrungsmittel, und fast zum einzigen, da sich dort wenige Pflanzen erfolgreich anbauen ließen. Als 1845/46 die Kartoffelfäule ausbrach, kam es zu einer großen Hungersnot – es gab eine Million Tote, und eine weitere Million Menschen emigrierte.

Die Kartoffel ist nach wie vor eines der wichtigsten Nahrungsmittel der Welt, da sie viele energiereiche Kohlenhydrate enthält. In Italien decken wir unseren Bedarf an Kohlenhydraten größtenteils mit Pasta, was aber nicht heißt, dass wir die Kartoffel nicht genauso mögen. Die zahlreichen Sorten sind allesamt vielseitig verwendbar: Man kann daraus Kartoffelpüree, Kartoffelpuffer, Ofenkartoffeln, Bratkartoffeln, Kartoffelgnocchi, Kartoffelsuppe und Kartoffelbrot machen. Im Piemont gibt es sogar eine Salami aus Fleisch und Kartoffeln! Dann gibt es noch Kartoffel-Fritters, Kroketten und *Frittatas* (Omelettes), und aus Kartoffelschnaps (Wodka) wird der sehr italienische Likör Limoncello hergestellt. Diverse süße und herzhafte Speisen werden außerdem aus Kartoffelstärke (*Fécule*) hergestellt. Ich kenne kein anderes Gemüse, das so vielseitig ist.

Topinambur ist auch eine Knolle und stammt aus Nordamerika. Dort heißt sie *Jerusalem artichoke*, obwohl sie weder etwas mit der gleichnamigen Stadt zu tun hat, noch mit der Artischocke verwandt ist. Stattdessen gehört sie zur selben Gattung wie die Sonnenblume, und »Jerusalem« ist vermutlich eine Verballhornung des italienischen Wortes für Sonnenblume, G*irasole*. Topinambur kann roh verzehrt werden – in Italien tun wir dies beispielsweise mit *Bagna cauda* als Dipsauce. Da das Gemüse aufgrund einer Substanz namens Inulin schwer verdaulich ist, wird es häufiger gekocht. Ich verwende Topinambur vor allem für Suppen (siehe Seite 116), für Pürees, in Butter gebraten oder im Ofen gebacken. Gekocht gibt es eine gute Füllung für *Ravioli* oder anderes Gemüse.

Yams und, interessanterweise, Erdnüsse sind ebenfalls Knollen, doch Ersteres wird in Italien nicht verwendet, und Letztere bespreche ich an anderer Stelle (siehe Seite 234).

Die **Süßkartoffel** (*Patata dolce*) ist streng genommen eine knollenartige Wurzel und keine Knolle und wächst ähnlich wie Kartoffeln und Topinambur. Mit der Kartoffel ist sie jedoch nicht verwandt, und – anders als die Kartoffel – kann sie auch nicht unter-

irdisch neue Gemüseknollen bilden. Stattdessen wird sie durch Speicherwurzeln oder Stecklinge vermehrt. Die Süßkartoffel enthält wertvolle Kohlenhydrate und in ihrem dunklen, rot-orangefarbenen Fleisch auch Betacarotin. In vielen Gegenden Afrikas und Asiens zählt sie zu den Grundnahrungsmitteln. In Japan gewinnt man daraus außerdem ein alkoholisches Getränk. In Italien kochen wir nicht viel mit ihr, schätzen aber ihren Geschmack, ob im Ofen gebraten, püriert, in Suppen oder gar in Desserts. Amerikaner backen aus Süßkartoffeln auch Brownies und Pies und servieren sie sogar gesüßt als Gemüsebeilage zum klassischen Truthahn an Thanksgiving.

Knollensellerie (*Sedano rapa*) ist die verdickte Sprossachse, auch als Kormus bezeichnet, des Echten Selleries, einer jahrhundertealten Kulturpflanze. Beide Arten, die Knollen- und die Staudenvariante (siehe Seite 28) stammen ursprünglich von einer Wildpflanze ab, dem Sumpfsellerie. Die winzigen Sumpfselleriewurzeln dienten bereits im 16. Jahrhundert in Europa als Nahrungsmittel, doch schon ein Jahrhundert später wurden die heute bekannten dickknolligen Wurzeln entwickelt. Sie sind rund, erinnern an furchige Speiserüben und haben einen süßen, intensiven Selleriegeschmack. Die Blätter sind ebenfalls genießbar. Daraus bereitet man beispielsweise die bekannte französische Vorspeise *Céléri rémoulade* zu (in Julienne geschnittener Knollensellerie mit würziger Mayonnaise), oder die italienische *Insalata capricciosa* (ungefähr dasselbe, nur mit mehr Zutaten, siehe Seite 107). Man kann ihn auch braten oder frittieren, etwa als Chips, fein pürieren – auch zusammen mit Karotten oder Kartoffeln – oder einfach mit Butter und Paniermehl im Ofen rösten. Daneben bereitet man im Veneto auch eine schmackhafte Selleriesuppe zu.

Eine letzte Knolle in dieser Kategorie ist die **Dahlie** (*Dalia*), die in Europa vor allem wegen ihrer schönen Blüten bekannt ist. Im 17. Jahrhundert importierte man sie – ebenso wie die Kartoffel – aus Südamerika, allerdings weniger wegen ihrer Schönheit, sondern vielmehr als Wurzelgemüse. Die Knollen wurden dort von den Azteken kultiviert und dienten – bisweilen als Dahlien-»Yams« bezeichnet – als Grundnahrungsmittel, das beinahe eine ebenso große Bedeutung hatte wie Kartoffeln, Avocados, Tomaten und Mais. Die Knollen sind eng verwandt mit dem Topinambur und weisen eine knackige, apfelartige Textur und ein Aroma auf, das – je nach Sorte – an Karotte, Sellerie, Spargel oder Petersilie erinnert. Die Knolle eignet sich zum Beispiel für Salate, Pfannengerichte oder Eintöpfe.

DIE FAMILIE DER ZWIEBELN

Die Gattung *Allium* ist nicht groß, aber sehr bedeutend, und weltweit kenne ich keine Küche oder Kultur, die ohne irgendeine Form von Lauch, Zwiebeln oder verwandten Gemüsesorten auskommt. Die Familie der Zwiebeln sind die *Alliaceae*. Alle zwiebel-artigen Gemüsesorten – wie Zwiebel, Lauch, Schalotte, Knoblauch, Frühlingszwiebel oder Schnittlauch – sind entfernt mit Spargel, Lilie und Tulpe verwandt. Der Großteil der Zwiebelgewächse hat unterirdisch wachsende Bulben. Daher werden sie oft dem Wurzelgemüse zugeordnet. Eine Ausnahme bildet der Lauch, der oberirdisch wächst, aber dennoch ein vollwertiges Mitglied dieser Familie ist. Einst wurde der Ausdruck *Pane e cipolle* (Brot und Zwiebeln) gleichbedeutend mit »Armut« verwendet, doch dies gilt schon lange nicht mehr: Die Zwiebel und all ihre Verwandten sind heute köstliche Zutaten eines guten Essens!

Die **Zwiebel** (*Cipolla*) stammt vermutlich aus Zentralasien und wurde von den Römern in Europa verbreitet. Ich erinnere mich, wie mein Vater immer ein Stück rohe Zwiebel als essbaren Löffel für die *Pasta e fagioli* (Bohnensuppe mit Nudeln) verwendete.

Es gibt viele verschiedene Zwiebelarten – große, kleine, scharfe, milde … –, fast zu viele, um sie alle zu nennen, doch ihr Geschmack lässt sich im Allgemeinen an der Farbe erkennen: Die goldbraunen Zwiebeln schmecken schärfer und werden verwendet, wenn ein starker Zwiebelgeschmack gewünscht wird oder sie länger gegart werden. Weiße und rote Zwiebeln hingegen sind milder. Die *Cipolla di Tropea* etwa ist eine rote Zwiebel aus Kalabrien, die so süß schmeckt, dass man sie fast wie einen Apfel essen kann. Vorsicht ist bei der Vorbereitung geboten, denn die meisten Zwiebeln enthalten Schwefelverbindungen, die beim Schneiden die Augen reizen. Für dieses Problem gibt es viele, teils recht absurde, Lösungen. Ich empfehle stets, die Zwiebeln 30 Minuten in Wasser einzulegen und dann beim Schneiden möglichst durch den Mund und nicht durch die Nase zu atmen.

Die Zwiebel dient eher als »Basisgemüse« und weniger als eigenständiges Gemüse-gericht. So ist sie etwa Teil eines *Battuto* oder *Soffritto*, die die Grundlage zahlreicher italienischer Gerichte wie Suppen, Saucen, Risottos oder Eintöpfe sind. Zwiebel passt zu fast allem und entwickelt je nach Art der Zubereitung einen speziellen Geschmack. Wenn Sie etwa fein geschnittene Zwiebeln unter Rühren sanft anbraten, karamelli-siert der natürlich enthaltene Zucker und sorgt so für ein herrliches Aroma. Wenn der Zucker allerdings anbrennt, entsteht ein bitterer Geschmack. Wird die Zwiebel statt-dessen glasig gebraten, ohne dabei zu bräunen, wird der Zucker intensiver und schmeckt richtig süß.

Zu den besten traditionellen italienischen Zwiebelgerichten zählen *Sardine in saor* (süß-saure Sardinen) und *Fegato alla veneziana* (Leber mit Zwiebeln), beides Beispiele aus der venezianischen Küche. Die *Pizza all'Andrea* aus Genua und die *Pissaladière* aus

der nahe gelegenen Provence sind beides köstliche Pizzavarianten, reich belegt mit gebratenen Zwiebeln und Anchovisfilets. Außerdem gibt es in Italien eine Zwiebelsuppe, die stark an ihr berühmtes französisches Pendant erinnert. Mein Lieblingszwiebelgericht ist aber die Pastasauce *alla genovese* (Genueser Art), die ursprünglich aus Norditalien kommt, heute aber unverzichtbarer Bestandteil der neapolitanischen Küche ist. Ein berühmtes Zwiebelgericht stammt auch aus Apulien: Die *Pizza di cipolle* sieht aus wie ein Pie und ist gefüllt mit Ei, Pecorino und jeder Menge gebratenen Zwiebeln.

Große Zwiebeln kann man auch aushöhlen, füllen, im Ofen backen und entweder als Gemüsebeilage oder als Hauptgericht servieren. Zudem kann man sie in Ringe schneiden, durch einen Ausbackteig ziehen oder in verschlagenem Ei und Paniermehl wälzen und sie frittieren. Kleinere Zwiebeln – die sogenannten **Silberzwiebeln** (*Cipollini*) – werden meist in Balsamico eingelegt und als *Antipasti* serviert. Dabei handelt es sich um eine spezielle Zwiebelsorte, die noch unreif geerntet wird. Die *Borettane*-Zwiebel ist eine besondere italienische Perlzwiebel mit einer flachen, untertassenartigen Form. Sie ist sehr mild und süß im Geschmack und wird oft eingelegt und konserviert.

Frühlings- oder Lauchzwiebeln (*Cipollotti* und *Cipollini*) sind ebenfalls eigenständige Sorten, werden aber noch früher geerntet als Silberzwiebeln, noch bevor sich die Zwiebel oder Bulbe richtig ausbildet, genauso wie auch die weiter oben genannte Tropea-Zwiebel. Sie werden oft eng nebeneinander gesät, um das Wachstum zu hemmen. Die sehr jung geernteten Zwiebeln werden oft roh verwendet, etwa zum Aromatisieren von Salaten, Risottos, *Frittatas* (Omeletts) und Sandwiches. Oder man taucht sie in einen Dip, wie beim toskanischen *Pinzimonio* (einer Rohkostplatte mit Dip) oder im Piemont in *Bagna cauda* (ein Anchovis-Knoblauch-Dip). Das kleinste Mitglied der Zwiebelfamilie ist der **Schnittlauch** (*Erba cipollina*), der jedoch eher als Würzkraut verwendet wird (siehe Seite 229).

Die **Schalotte** (*Scalogno*) ist ein weiteres Mitglied der Zwiebelfamilie. Allerdings bildet sie nicht nur eine einzige Zwiebel, sondern eine Art Knolle aus mehreren Tochterzwiebeln (ähnlich wie Knoblauch, nur größer). Schalotten sind typisch für die französische Küche. In Italien werden sie nur gelegentlich verwendet. Sie haben einen starken Zwiebelgeschmack, jedoch ohne die aggressive Schärfe. Sehr fein gehackte Schalotten mit Essig serviert man oft zu rohen Austern, wobei ich hierbei einige Tropfen Zitronensaft vorziehe. In Frankreich sind Schalotten ein wesentlicher Bestandteil vieler klassischer Saucen wie *Beurre blanc*, *Béarnaise* und *Sauce marinière* für das berühmte Miesmuschelgericht.

Knoblauch (*Aglio*) ist mein absoluter Favorit und aus der italienischen Küche nicht wegzudenken, vor allem im Süden. Es ist kaum möglich, sich italienisches Essen ohne Knoblauch vorzustellen. Knoblauch wird seit Tausenden von Jahren hochgeschätzt –

und das nicht nur in der Küche, sondern – aufgrund seiner zahlreichen gesundheitsfördernden Inhaltsstoffe – auch in der Heilkunde. Die Heilkraft des Knoblauchs war bereits in der Antike bekannt. Es heißt, die ägyptischen Sklaven, die beim Pyramidenbau eingesetzt wurden, hätten jeden Tag eine Knoblauchzehe erhalten, und zu Zeiten der Römer wurde Knoblauch zum Desinfizieren von Wunden verwendet. Grundsätzlich gibt es drei Arten von Knoblauch, die sich in der Farbe ihrer Schale unterscheiden – weiß, rosa-rot und violett. Meine Lieblingssorte ist die rosafarbene. Die Bulben oder Knollen sind – je nach Herkunftsland – unterschiedlich groß. Die größte Sorte ist der Elefantenknoblauch. Getrockneter Knoblauch ist das ganze Jahr über erhältlich. Frische Knollen – mit milderem Geschmack und grünen Stängeln – gibt es nur in der Saison.

Knoblauch dient wie die Zwiebel eher als »Basisgemüse« und weniger als eigenständige Gemüsesorte und ist eine Zutat in *Battuto* und *Soffritto*, die die Grundlage vieler Saucen und Eintöpfe sind. In der Küche nutzt man ihn hauptsächlich als Gewürz, das, richtig dosiert, andere Aromen unterstreichen kann. Lecker schmeckt er beispielsweise in *Bagna cauda*, dem berühmten piemontesischen Anchovis-Knoblauch-Dip. Man verwendet ihn auch für das Piemonteser *Soma d'ail*: Dafür wird Brot mit rohem Knoblauch eingerieben und mit Olivenöl beträufelt. Dasselbe Gericht heißt in der Toskana *Fettunta* und im Süden *Bruschetta*. Knoblauch ist außerdem eine der Grundzutaten des ligurischen *Pesto*. Doch wie die Zwiebel enthält auch Knoblauch Schwefelverbindungen, die den bekannten hartnäckigen und wenig gesellschaftsfähigen Knoblauchatem hervorrufen, der in Lunge und Atemwegen entsteht. Es gibt allerdings zahlreiche Methoden, um dies zu vermeiden. Hilfreich ist beispielsweise, eine Grundeigenschaft des Knoblauchs zu kennen: Je kleiner man ihn schneidet, desto mehr essenzielle Öle werden freigesetzt und desto stärker wird der Geschmack. Im Ganzen gerösteter Knoblauchzehen zum Beispiel sind mild, fein gehackte rohe Zehen hingegen entfalten einen sehr beißenden Geschmack. Wenn Sie nur einen Hauch Knoblaucharoma möchten, genügt es, den Kochtopf oder die Salatschüssel mit einer rohen Knoblauchzehe einzureiben. Oder man brät in Scheiben geschnittenen Knoblauch sanft in etwas Öl und nimmt ihn anschließend aus der Pfanne. Das Öl enthält dann immer noch ausreichend Aroma. Und wenn Sie sich dennoch Sorgen machen: Gegen Knoblauchatem hilft es, etwas rohe Petersilie oder Minze zu kauen, oder auch Kardamom-, Anis- oder Fenchelsamen.

Ich lebe in einer Gegend im Süden Englands, wo von März bis Mai Straßen- und Wegränder von **Bärlauch** (*Aglio selvatico* oder *Allium ursinum*) überwuchert sind. Seine langen Blätter ähneln den giftigen Maiglöckchen und schmecken stark nach Knoblauch, solange sie noch jung sind. Vor allem aber verströmen sie einen starken Knoblauchgeruch, der das Vorkommen der Pflanze verrät.

Vom Bärlauch verwendet man sowohl die Blätter als auch die weißen Blüten, aber nicht die Zwiebel oder Bulbe. In der Saison sammle ich die Blätter, verarbeite sie zusammen mit Olivenöl zu einer Art *Pesto* und friere es als Eiswürfel ein, die ich später in Suppen und Saucen gebe. Von Anfang an habe ich in meinem Restaurant in der Neal Street und später im »Carluccio's Deli« in großem Stil Wildpflanzen wie Bärlauch, *Rucola* und Pilze verwendet. Viele davon wurden von meinem Freund Gennaro Contaldo geliefert, der meine Begeisterung für das Sammeln in der freien Natur teilt. Meine einzige Befürchtung dabei war, dass sich zu viele Nachahmer finden und so die wilden Vorkommen gefährdet werden könnten. Bärlauch kann man jedoch auch einfach selbst züchten. Ich habe beispielsweise einige Pflanzen in meinem Londoner Garten angesiedelt, und sie gedeihen dort gut. Auch *Rucola* sprießt dort wie Unkraut!

Lauch (*Porro*) ist der mildeste Vertreter der Zwiebelpflanzen. Er wächst bis zu 70 Zentimeter hoch und hat an seiner Basis keine Zwiebel, sondern eng wachsende weiße Blätter, gekrönt von einem Fächer aus grünen Blättern. Ähnlich wie Spargel und Chicoree wird auch der Lauch während seines Anbaus gebleicht. Dafür wird die Erde rund um den unteren Teil angehäufelt, um ihn vor Licht zu schützen, damit er weiß bleibt. Aus diesem Grund muss er sehr sorgfältig gewaschen werden. Lauch wird eher als eigenständiges Gemüse serviert als die anderen Mitglieder der Zwiebelfamilie. Manchmal wird er als »Spargel der Armen« bezeichnet, und junger Lauch harmoniert tatsächlich gut mit vielen typischen Spargelbegleitern wie Butter, Vinaigrette, Käse, Eier, Schinken und Sahne. Außerdem kann man ihn im Ganzen kochen, dämpfen, dünsten und grillen, und Baby-Lauch schmeckt auch in der Pfanne gebraten hervorragend. Größere Exemplare kann man in Scheiben schneiden und in Brühen oder Suppen verwenden. Bekannte Beispiele sind die französische Lauch-Kartoffel-Suppe *Vichyssoise* und die schottische Lauchsuppe mit Hähnchen *Cock-a-leekie*. Junge, kleine Lauchstangen schmecken allerdings am besten. In Italien lieben wir Lauch, gebraten mit Eiern und Parmesan, in *Porri alla milanese* oder gedünstet mit Olivenöl und Tomaten. Er wird auch für Suppen, *Frittatas* (Omeletts) und Pastasaucen verwendet. Ich mag ihn gerne gekocht und im Ganzen serviert als winterliches *Antipasto*. Sehr jungen Lauch kann man auch roh essen, etwa im toskanischen *Pinzimonio* (einer Rohkostplatte) oder mit der Piemonteser *Bagna cauda* (einem Anchovis-Knoblauch-Dip).

Das letzte Zwiebelgemüse, das ich ansprechen möchte, ist die Zwiebel der **Schopf-Traubenhyazinthe**, *Muscari comosum* (*Lampascioni*), die in Apulien und in der Basilikata angebaut wird. Früher galt sie als Armeleuteessen, heute jedoch erfreut sie sich auch in den gehobeneren Restaurants zunehmender Beliebtheit. Die Zwiebeln werden auch als *Cipolline selvatiche* (kleine Wildzwiebeln) bezeichnet und sind knackiger als Silberzwiebeln, haben aber einen eher pfeffrig-scharfen, leicht bitteren Geschmack. Mal werden sie gekocht, mal eingelegt, aber nie roh gegessen.

LASAGNA DI BIETOLE
Rote-Bete-Lasagne

Rote Bete wird in guten italienischen Feinkostläden schon vor-gegart angeboten. Meistens wird sie im Ofen gebraten, da bei dieser Methode die wertvollen Inhaltsstoffe besser erhalten bleiben als beim Kochen. Am besten verwenden Sie große Rote-Bete-Knollen, da sie für die *Lasagne*-Schichten in dünne Scheiben geschnitten werden müssen. Wenn Sie den Schinken weglassen, erhalten Sie eine vegetarische Variante.

Backofen auf 180 °C vorheizen.

Die Rote Bete in einem Topf mit ausreichend leicht gesalze-nem Wasser etwa 1 ½ Stunden kochen, bis sie auch in der Mitte weich ist. Über einem Sieb abgießen und abtropfen lassen.

Für die Sauce die Butter in einem mittelgroßen Topf zer-lassen, das Mehl dazugeben und unter Rühren anschwitzen. Langsam die warme Milch dazugießen, dabei ständig um-rühren, damit sich keine Klümpchen bilden. Wenn die Sauce eingedickt ist, Parmesan, etwas Muskatnuss und Cayenne-pfeffer hinzufügen. Mit Salz und Pfeffer abschmecken.

Die Rote Bete schälen und in dünne Scheiben schneiden. Eine hitzebeständige Form einfetten und mit einer Schicht Rote-Bete-Scheiben auslegen, gefolgt von einer Schicht Schinken. Etwas Sauce darübergeben. Die restlichen Zutaten in derselben Reihenfolge in die Form schichten. Mit der Sauce abschließen. Mit Parmesan und Pfeffer bestreuen.

Im vorgeheizten Backofen etwa 35 Minuten backen und heiß servieren.

FÜR 4 PERSONEN

—4 große Rote-Bete-Knollen (ca. 750 g)
—Salz
—etwas Butter für die Form
—150 g geräucherter Schinken, in dünne Scheiben geschnitten
—10 g frisch geriebener Parmesan
—frisch gemahlener Pfeffer

KÄSESAUCE
—70 g Butter
—50 g Mehl
—500 ml Milch, erwärmt
—80 g frisch geriebener Parmesan
—frisch geriebene Muskatnuss
—1 Prise Cayennepfeffer
—Salz
—frisch gemahlener Pfeffer

MARMELLATA DI BARBABIETOLE
Rote-Bete-Marmelade

Das Wort *Marmellata* bezeichnet, ähnlich wie die entsprechenden Ausdrücke in anderen europäischen Sprachen, ganz allgemein Marmelade (mit Ausnahme des Englischen, wo damit speziell Zitrus- und vor allem Orangenmarmelade gemeint ist). Ich habe beispielsweise auch eine Kastanienmarmelade (siehe Seite 247) entwickelt. Hier finden Sie eine Variante aus süßer Roter Bete – ein perfekter Brotaufstrich zum Frühstück oder als Nachmittagssnack. Sie passt auch hervorragend als Aufstrich zu meinem Karottenkuchen (siehe Seite 109).

Diese Marmelade kann man auch mit Karotten zubereiten. Beide sind jedoch nicht lange haltbar, Sie sollten sie also möglichst schnell verbrauchen.

— 300 g Rote Bete, geschält
— Salz
— 100 g brauner Zucker
— ½ TL Kardamompulver
— 1 Blatt Gelatine
— Saft von 2 Zitronen

Die Rote-Bete-Knollen in Scheiben schneiden und in einen mittelgroßen Topf geben. Mit ausreichend leicht gesalzenem Wasser bedecken, den Zucker hinzufügen und alles zum Kochen bringen. Die Hitze reduzieren und die Mischung köcheln lassen, bis die Flüssigkeit eine sirupartige Konsistenz annimmt und die Rote Bete weich ist. Abkühlen lassen. Die Mischung in einem Standmixer glatt pürieren und Kardamom dazugeben.

Die Blattgelatine in einer kleinen Schüssel in ausreichend Wasser einweichen. Den Zitronensaft in einem kleinen Topf bei geringer Hitze erwärmen. Die Gelatine herausnehmen und das überschüssige Wasser ausdrücken. Den Zitronensaft vom Herd nehmen, die Gelatine hineingeben und umrühren, bis sich die Gelatine aufgelöst hat.

Zur Rote-Bete-Mischung in den Mixer geben und erneut mischen. Die Marmelade in ein sterilisiertes Behältnis füllen und maximal einige Tage im Kühlschrank aufbewahren.

ERGIBT CA. 400 GRAMM

INSALATA CAPRICCIOSA
Salat mit Karotten, Sellerie und Artischocken

Es ist nicht leicht, *Capricciosa* in andere Sprachen zu übersetzen. Es bedeutet wörtlich »kapriziös«, launenhaft oder extravagant, bezieht sich in der Kulinarik jedoch auf eine Mischung verschiedener Dinge (denken Sie an die Pizza). Hier ist damit eine Mischung aus drei rohen Gemüsesorten gemeint, die mithilfe von Mayonnaise zu einem köstlichen Aufstrich für Brot, Sandwiches etc. werden. Eine kleine Portion dieser *Capricciosa* wird gerne auch als *Antipasto* serviert, ähnlich wie Russischer Salat (siehe Seite 117). Der Salat ähnelt der französischen *Céleri rémoulade*, die ebenfalls als Vorspeise serviert wird.

Das Gemüse in gleich große Stücke schneiden und in eine große Servierschüssel geben. Mayonnaise und Zitronensaft untermischen und den Salat mit Salz abschmecken.

Er lässt sich einige Tage im Kühlschrank aufbewahren.

FÜR 8–10 PERSONEN

— 200 g Knollensellerie, geschält und in Stifte geschnitten
— 300 g Karotten, geschält und in Stifte geschnitten
— 250 g Artischocken in Öl (*Carciofini*) (siehe Seite 76), in Stifte geschnitten
— 150 g Mayonnaise (siehe Seite 117)
— Saft von ½ großen Zitrone
— Salz

Echtes Wurzelgemüse

TORTA DI CAROTE
Karottenkuchen

Im Europa des 17. und 18. Jahrhunderts, als Zucker noch sehr teuer war, verwendete man Karotten und Pastinaken in Süßspeisen und Kuchen. Der gute alte Karottenkuchen hat inzwischen wieder zu seiner früheren Beliebtheit zurückgefunden. Sie können ihn auch als Dessert mit Schlagsahne servieren: Die Sahne nach Belieben mit Zucker süßen und einen Esslöffel Likör nach Wahl dazugeben.

Backofen auf 150 °C vorheizen. Eine 30 Zentimeter große runde Kuchenform einfetten.

Die Karotten in Scheiben schneiden, in einen mittelgroßen Topf geben und mit dem Orangensaft bedecken. Zum Kochen bringen und köcheln lassen, bis die Karotten weich sind. Über einem Sieb abgießen und abtropfen lassen.

Die Karotten leicht abkühlen lassen und zusammen mit Öl und Eigelben in einem Standmixer pürieren. Das Püree in eine Schüssel geben und Zucker, Mehl und Backpulver untermischen. In einer separaten sehr sauberen Schüssel die Eiweiße steif schlagen. Mit einem Metalllöffel den Eischnee vorsichtig unter die Karottenmischung heben (die Mischung sollte möglichst luftig bleiben).

Die Mischung in die gefettete Form geben und 40 bis 45 Minuten im vorgeheizten Backofen backen. Den Kuchen in der Form abkühlen lassen, vorsichtig auf ein Kuchengitter stürzen und vollständig erkalten lassen.

Den Kuchen mit einem langen, scharfen Messer längs halbieren. Die untere Hälfte mit der Marmelade bestreichen und die zweite Hälfte wieder aufsetzen. Den Kuchen etwa 30 Minuten kühl stellen und zum Servieren mit etwas Puderzucker bestäuben.

ERGIBT I KUCHEN FÜR IO PERSONEN

KUCHENTEIG
—etwas Butter für die Form
—5 mittelgroße Karotten (ca. 1 kg), geputzt und geschält
—500 ml Orangensaft
—120 ml natives Olivenöl extra
—4 mittelgroße Eier, getrennt
—360 g Zucker
—350 g italienisches Weizenmehl Type 00 (Pizzamehl)
—15 g Backpulver

ZUM FERTIGSTELLEN UND SERVIEREN
—Marmelade nach Wahl (siehe auch *Marmellata di barbabietole*, Seite 106)
—etwas Puderzucker zum Bestäuben

Echtes Wurzelgemüse

PIATTO DI VEGETALI CON SALSA OLANDESE
Gemüseplatte mit Sauce hollandaise

Dieses Gericht kann als Vorspeise oder für Vegetarier auch als Hauptgericht serviert werden. Es ist nicht nur ein Augen-, sondern auch ein Gaumenschmaus, denn jede Gemüsesorte erhält ihre eigene Garzeit, damit sie schön zart wird. Der natürliche Geschmack des Gemüses wird von der schmackhaften Sauce unterstrichen.

Gemüse waschen und vorbereiten. In einem großen Topf mit leicht gesalzenem Wasser Karotten und Fenchel *al dente* garen.

In einem zweiten Topf mit leicht gesalzenem Wasser das restliche Gemüse ebenfalls bissfest garen. Das gesamte Gemüse über einem Sieb abgießen, abtropfen lassen und bei Raumtemperatur beiseitestellen.

Für die Hollandaise die Butter bei geringer Hitze zerlassen, bis sich oben eine klare Flüssigkeit absetzt und die Feststoffe, unter anderem das enthaltene Kasein, auf den Topfboden absinken. Die Flüssigkeit filtern, sodass die festen Bestandteile entfernt werden, und Flüssigkeit auffangen.

Eigelbe, Senf und etwas Zitronensaft über einem Wasserbad verrühren (dafür eine Schüssel über einen Topf mit heißem Wasser stellen, sodass die Schüssel das Wasser nicht berührt). Nach und nach die geklärte Butter hinzufügen. Dabei ständig umrühren und darauf achten, dass die Sauce nicht zu heiß wird. Sie ist fertig, wenn sie eingedickt ist. Mit Salz, Pfeffer und Zitronensaft abschmecken.

Das Gemüse auf einer großen Platte anrichten und die Schüssel mit der Sauce hollandaise in die Mitte stellen.

FÜR 4–8 PERSONEN

—200 g junge Karotten, größere Karotten halbiert
—2 Fenchelknollen, in Achtel geschnitten
—300 g kleine Zucchini, größere Zucchini halbiert
—200 g dünne Spargelstangen
—200 g violetter Sprossenbrokkoli, in Röschen geteilt
—2 kleine Köpfe *Romanesco*, in Röschen geteilt
—Salz
—frisch gemahlener Pfeffer

SAUCE HOLLANDAISE
—400 g Butter
—4–5 mittelgroße Eigelb
—1 TL Dijon-Senf
—Saft von 1 Zitrone
—Salz
—frisch gemahlener Pfeffer

ZEPPOLE
Frittierte Kartoffelpuffer

In einigen italienischen Regionen werden diese frittierten Kartoffelpuffer traditionell zur *Festa di San Giuseppe* (Josefstag) am 19. März serviert. Meine Mutter stellte die Puffer damals in großen Mengen her, die von uns Kindern gierig verschlungen wurden. Sie können süß oder herzhaft sein und aus Brotteig, Brandteig oder Gnocchiteig, wie hier, zubereitet werden. In der Emilia-Romagna, wo sie *Gnocco fritto* genannt werden, isst man sie mit *Prosciutto*.

Wenn Ihnen die süße Version lieber ist, lassen Sie bei diesem Rezept die Anchovis weg und bestäuben Sie die Küchlein nach dem Ausbacken mit Puderzucker.

In einer großen Schüssel Mehl, zerdrückte Kartoffeln, Hefe, Salz und Ei mischen. So viel Milch dazugeben, dass ein glatter Teig entsteht (etwa 2–4 Esslöffel). Umrühren, die Schüssel mit einem feuchten Tuch abdecken und den Teig an einem warmen Ort etwa 1 Stunde gehen lassen. Wenn er aufgegangen ist, sollte er relativ dicht und fest sein.

Das Olivenöl erhitzen, bis es die richtige Temperatur zum Frittieren erreicht hat.

Jeweils 1 Esslöffel Teig herausnehmen, ein Anchovisfilet in die Mitte geben und mit Teig umschließen. Im heißen Öl auf beiden Seiten goldbraun braten. Auf Küchenpapier abtropfen lassen. Mit der restlichen Mischung und den restlichen Anchovis ebenso verfahren. Die Kartoffelpuffer direkt nach dem Ausbacken servieren.

FÜR 8–IO PERSONEN, ERGIBT CA. 4O STÜCK

- 700 g italienisches Weizenmehl Type 00 (Pizzamehl)
- 450 g Kartoffeln, weich gekocht, geschält und zerdrückt
- 15 g frische Hefe, in Wasser aufgelöst (oder die entsprechende Menge Trockenhefe)
- 10 g Salz
- 1 mittelgroßes Ei, verquirlt
- etwas Milch
- etwas Olivenöl zum Frittieren
- 2 Dosen Anchovisfilets in Öl (à 50 g), abgetropft

PURE DI PATATE TARTUFATE

Getrüffeltes Kartoffelpüree

Dieses Kartoffelpüree mit seiner einfachen und doch sehr feinen Kombination von Aromen kann zu den verschiedensten Gerichten als Beilage serviert werden. Besonders gut passt es zum Wildrezept auf Seite 273.

Die Kartoffeln in einem Topf mit ausreichend leicht gesalzenem Wasser mit dem Safran sehr weich kochen. Über einem Sieb abgießen, abtropfen lassen und zusammen mit der Milch zu einem Püree zerstampfen. Butter, Parmesan und Trüffelöl dazugeben, nach Geschmack mit Salz und Pfeffer würzen. Trüffel putzen und erst in dicke Scheiben, dann in kleine Würfel schneiden. Unter das Kartoffelpüree heben oder darüberstreuen.

FÜR 4 PERSONEN

—600 g mehligkochende Kartoffeln, geschält und gewürfelt
—Salz
—1 kleine Prise Safranfäden
—6 EL Milch
—30 g Butter
—20 g frisch geriebener Parmesan
—2 TL Trüffelöl
—frisch gemahlener Pfeffer
—20 g schwarze Trüffel (nach Belieben)

Sonstiges Wurzelgemüse

TORTA RUSTICA DI PATATE
Rustikaler Kartoffelkuchen

Als Kinder wussten wir, immer wenn es diesen rustikalen Kartoffelkuchen zum Mittag- oder Abendessen gab, war die Speisekammer oder der Kühlschrank zuvor gründlich nach Resten durchforstet worden. Ein Stückchen Salami oder Schinken hier, ein Stückchen Käse dort, dann noch Eier, Petersilie, Salz und Pfeffer. Wir waren immer zufrieden mit der Wahl meiner Mutter. Sie war eine Meisterin in der Zubereitung dieses Kartoffelkuchens – und wir waren die dankbarsten Abnehmer.

Backofen auf 180 °C vorheizen.

Die Kartoffeln in einem Topf mit ausreichend Salzwasser weich kochen, über einem Sieb abgießen, abtropfen lassen und schälen. Mit einem Kartoffelstampfer pürieren (oder durch ein Sieb drücken). Das Kartoffelpüree mit Schinken, Mozzarella, Provola, Parmesan, verquirlten Eiern und Petersilie mischen und mit wenig Salz und Pfeffer würzen.

Eine runde Kuchenform mit 25 Zentimetern Durchmesser einfetten und mit etwas Paniermehl ausstreuen. Die Kartoffelmischung hineingeben und mit einer Gabel glatt streichen. Mit dem restlichen Paniermehl bestreuen und mit Olivenöl beträufeln.

Den Kuchen im vorgeheizten Backofen in 35 bis 40 Minuten goldbraun backen. Zum Servieren in Stücke schneiden. Er schmeckt warm oder kalt gleichermaßen gut.

FÜR 6 PERSONEN

—1 kg mehligkochende Kartoffeln
—Salz
—55 g gekochter Schinken, in Würfel geschnitten
—25 g Büffelmozzarella, fein gewürfelt
—150 g *Provola* (geräucherter Mozzarella), fein gewürfelt
—55 g frisch geriebener Parmesan
—4 mittelgroße Eier, verquirlt
—2 EL frische glatte Petersilie, fein gehackt
—frisch gemahlener Pfeffer
—etwas Butter für die Form
—4 EL Paniermehl zum Bestreuen
—4 EL natives Olivenöl extra zum Beträufeln

ZUPPA DI TOPINAMBOUR, PORRO E PROSCIUTTO DI PARMA
Topinambur-Lauch-Suppe mit Parmaschinken

Topinambur wird in Italien typischerweise mit dem Dip *Bagna cauda* roh serviert, obwohl er auch gegart hervorragend schmeckt. In vielen europäischen Küchen wird daraus eine Suppe gemacht, und das hier ist meine Interpretation – mit zartem Lauch und würzigem Parmesan. Diese Kombination sorgt für eine wahrhaft herzerwärmende Suppe.

Nach Belieben können Sie sie mit Croûtons servieren. Hierfür einige Scheiben gutes Landbrot goldbraun rösten und mit Knoblauch einreiben (wie für *Bruschetta*). Das Brot in Würfel schneiden und, wie unten beschrieben, in Butter anbraten.

Zuerst das gesamte Gemüse putzen und vorbereiten. Den Topinambur in Stücke schneiden. Die Lauchstangen von Wurzeln und harten Blättern befreien und ebenfalls in Stücke schneiden.

Das Olivenöl in einem großen Topf erhitzen und Topinambur sowie Lauch unter Rühren darin anbraten. Nach etwa 10 Minuten die Brühe dazugießen und alles zugedeckt etwa 25 Minuten köcheln lassen. Der Topinambur sollte sehr weich sein und fast zerfallen, der Lauch sollte zart sein.

Die Butter in einer Pfanne zerlassen und Parmaschinken sowie Croûtons darin knusprig braten. Auf Küchenpapier abtropfen lassen. Die Suppe auf Schälchen verteilen und jede Portion mit Schinken, Croûtons und Parmesan bestreuen.

FÜR 4–6 PERSONEN

—400 g Topinambur, geschält
—2 Stangen Lauch (à 100 g)
—2 EL natives Olivenöl extra
—1 ½ l Gemüsebrühe

ZUM SERVIEREN
—25 g Butter
—50 g Parmaschinken, in sehr feine Würfel geschnitten
—50 g Croûtons (siehe links, nach Belieben)
—20 g frisch geriebener Parmesan

INSALATA RUSSA
Russischer Salat

Dieser Salat aus gegartem Gemüse, umhüllt von Mayonnaise, wird im Piemont als Bestandteil eines *Antipasto* serviert. Seinen Namen verdankt das Rezept wohl der Tatsache, dass es im Moskau des 19. Jahrhunderts Berühmtheit erlangte. Drei einflussreiche französische Köche eröffneten damals in Russland ein Spezialitätenrestaurant, und einem von ihnen, Lucien Olivier, wird diese Kreation zugeschrieben. In vielen Ländern ist der Salat als Oliviersalat bekannt. Wie er in das Piemont gelangte, weiß ich allerdings nicht …

Für die Mayonnaise mit einem Handrührgerät in einer Schüssel Eigelbe, Senf und je eine Prise Salz und Pfeffer cremig schlagen. Weiterrühren und etwas Olivenöl in einem dünnen Strahl hinzufügen. So lange schlagen, bis eine glatte Mischung entsteht. Nach und nach unter ständigem Rühren das restliche Öl hinzufügen, bis die Mischung schön luftig ist und ihr Volumen deutlich vergrößert hat. Zum Schluss den Zitronensaft hinzufügen und erneut rühren. Bis zur Verwendung mit Frischhaltefolie abdecken.

Kartoffeln putzen, Karotten, Knollensellerie und Speiserüben schälen. Alles fein würfeln, Blumenkohl und *Calabrese*-Brokkoli waschen und in kleine Röschen teilen.

Das vorbereitete Gemüse und die Bohnenkerne in einem Topf mit leicht gesalzenem Wasser *al dente* garen. Es sollte nicht zu weich sein. Über einem Sieb abgießen, abtropfen und abkühlen lassen.

Das Gemüse vorsichtig mit Thunfisch und Essig mischen und mit Salz und Pfeffer würzen. Gemüse vorsichtig unter die Mayonnaise heben, damit sich die Zutaten gut verbinden. Bis zum Servieren im Kühlschrank aufbewahren.

FÜR 6 PERSONEN

— 250 g kleine neue Kartoffeln
— 250 g Karotten
— 200 g Knollensellerie
— 150 g kleine Speiserüben
— je 100 g Blumenkohl und *Calabrese*-Brokkoli
— 200 g Dicke-Bohnen-Kerne (frisch oder TK)
— Salz
— 150 g Thunfisch in Öl, abgetropft und zerteilt
— 1 EL Weißweinessig
— frisch gemahlener Pfeffer

MAYONNAISE
— 3 mittelgroße Eigelb
— 1 TL Englischer Senf oder Dijon-Senf (nach Belieben)
— Salz
— frisch gemahlener Pfeffer
— 250 ml helles Olivenöl
— Saft von ½ Zitrone

Sonstiges Wurzelgemüse

117

SOMA, FETTUNTA, BRUSCHETTA
Brot mit Öl und Knoblauch

Im Piemont wird dieses Gericht *Soma d'ail* genannt, in der Toskana *Fettunta* und im Süden Italiens *Bruschetta*, doch grundsätzlich ist es dasselbe: Eine Scheibe Ciabatta oder Landbrot, getoastet oder besser noch gegrillt, mit einer frischen Knoblauchzehe sanft eingerieben und mit allerbestem nativem Olivenöl beträufelt. Man isst es allein oder als Begleiter zu einem *Antipasto*, bisweilen auch belegt, etwa mit gewürfelten Tomaten und Basilikum.

Das getoastete Brot vorsichtig mit Knoblauch einreiben, dabei nach Belieben mehr oder weniger stark aufdrücken. Mit etwas Olivenöl beträufeln.

Mit Salz und Pfeffer würzen – und *Buon appetito*!

FÜR 4 PERSONEN

- 8 Scheiben gutes Brot, getoastet oder gegrillt
- 2 Knoblauchzehen, geschält und halbiert
- etwas natives Olivenöl extra
- Salz
- frisch gemahlener Pfeffer

Zwiebelfamilie

AGLIATA
Knoblauch-Haselnuss-Paste

Was den Franzosen ihre *Aïoli* (Mayonnaise mit Knoblauch) ist, ist in Italien die *Agliata*. Dieses Rezept ist allerdings eher ungewöhnlich und vereint zwei der beliebtesten Zutaten des Piemont: Knoblauch und Haselnüsse. Man kann die Paste auf verschiedene Weise verwenden: als Aufstrich für *Crostini* (belegtes geröstetes Landbrot) zum Snacken, als Füllung für einen Braten zum Aromatisieren oder auch als Spaghettisauce. Dafür 250 Gramm Spaghetti in Salzwasser *al dente* kochen, abgießen und mit einigen Esslöffeln *Agliata* mischen. Für eine saucenartige Textur eventuell 2 Esslöffel Kochwasser dazugeben.

Knoblauchzehen schälen und zu einer Paste zerdrücken, Haselnüsse in einer Pfanne ohne Fettzugabe rösten und fein hacken. Petersilie waschen, trocken schütteln und grob hacken. Das Brot entrinden und fein zerkrümeln. Alles mit den restlichen Zutaten in einer Schüssel zu einer Paste vermischen.

Im Kühlschrank lässt sich die Paste einige Tage aufbewahren.

FÜR 4–5 PERSONEN

— 20 g Knoblauchzehen
— 20 g geschälte Haselnüsse
— 15 g frische glatte Petersilie
— 1 Scheibe Weißbrot
— 20 g frisch geriebener Parmesan
— 50 ml natives Olivenöl extra

FRITTATA DI PORRI E GAMBERETTI
Frittata mit Lauch und Garnelen

Lauch hat einen ganz eigenen Geschmack, der irgendwo zwischen Zwiebel und Schalotte angesiedelt ist. Jungen Lauch kann man beispielsweise wie Spargel kochen und als Vorspeise mit einer Vinaigrette servieren. Zudem harmoniert er hervorragend mit Garnelen, und auch zu Jakobsmuscheln kann ich ihn mir gut vorstellen. Eine *Frittata* brate ich eher mit Olivenöl statt mit Butter, da ich sie nicht nur warm, sondern auch gerne kalt esse. Das Öl wird dabei, im Gegensatz zu Butter, nicht fest.

- 300 g kleine bis mittlere Lauchstangen, von Wurzelansatz und Blattspitzen befreit
- 5 EL natives Olivenöl extra
- 150 g küchenfertige Garnelen
- 10 mittelgroße Eier
- 60 g frisch geriebener Parmesan
- Salz
- frisch gemahlener Pfeffer

Die Lauchstangen waschen und in kleine Stücke schneiden. 2 Esslöffel Öl in einer 25 Zentimeter großen Pfanne erhitzen und den Lauch darin in etwa 10 Minuten bei geringer Hitze weich braten. Die Garnelen dazugeben und noch etwa 5 Minuten mitbraten.

Die Eier in einer großen Schüssel schaumig schlagen, den Parmesan unterrühren und nach Geschmack mit Salz und Pfeffer würzen.

Etwas mehr Öl in der Pfanne erhitzen. Die Eiermischung hineingeben und die Frittata auf einer Seite etwa 10 Minuten sanft braten. Die Frittata hin und wieder mit einem Spatel vom Pfannenrand lösen, damit etwas von der flüssigen Mischung an den Pfannenboden gelangt und fest wird. Sobald die gesamte Eiermasse fest und keine Flüssigkeit mehr vorhanden ist, die Frittata wenden. Dafür einen Teller daraufsetzen, die Pfanne wenden, das restliche Öl in die Pfanne geben und die Frittata vom Teller zurück in die Pfanne gleiten lassen. Die Frittata auf der Unterseite in 5 bis 6 Minuten goldbraun braten.

Heiß oder kalt servieren.

FÜR 4–6 PERSONEN

Zwiebelfamilie

ZUPPA DI PANE E AGLIO
Kartoffelsuppe mit Knoblauchbrot

Herzhafte Suppen wie diese gibt es in der einen oder anderen Form in vielen Ländern der Welt. Dieses Gericht ist eine Kombination aus simplen, aber sehr aromatischen Zutaten und kann als Inbegriff der *Cucina povera* (»Armeleuteküche«) betrachtet werden – gutes Essen für wenig Geld. Meiner Meinung nach ist eine solche Suppe die einfachste, aber schmackhafteste Möglichkeit, einen minimalistischen Kochstil zu genießen.

Brühe, Knoblauch- und Kartoffelscheiben in einem großen Topf zum Kochen bringen. Die Hitze reduzieren und alles etwa 30 Minuten köcheln lassen, oder bis die Kartoffeln und der Knoblauch weich sind. Alles in einem Standmixer glatt pürieren und nach Geschmack mit Salz und Pfeffer würzen.

Die Brotscheiben toasten oder grillen. Die Knoblauchzehe halbieren und die Brotscheiben vorsichtig damit einreiben. Das Brot mit Olivenöl beträufeln.

Die Suppe auf vier Schälchen verteilen. Jeweils eine Brotscheibe darauflegen, mit Parmesan bestreuen und servieren.

FÜR 4 PERSONEN

— 1 ½ l Gemüse- oder Hühnerbrühe
— 100 g Knoblauch, geschält und in dünne Scheiben geschnitten
— 300 g mehligkochende Kartoffeln, geschält und in Scheiben geschnitten
— Salz
— frisch gemahlener Pfeffer

ZUM SERVIEREN
— 4 Scheiben Ciabatta
— 1 Knoblauchzehe, geschält
— etwas natives Olivenöl extra
— 2 EL frisch geriebener Parmesan

CIPOLLINE IN AGRODOLCE
Süßsauer eingelegte Zwiebeln

Zu den beliebtesten Bestandteilen einer *Antipasto*-Platte gehören süßsauer eingelegte Zwiebeln. Dafür eignen sich am besten *Borettane*-Zwiebeln, eine kleine, flache Zwiebelsorte, etwa in der Größe einer Pflaume, die überall in Italien angebaut wird. Verwendet man Balsamico zum Einlegen, werden diese Zwiebeln einfach unwiderstehlich. Aber Vorsicht, sie sind nicht genügend konserviert, um sie längere Zeit aufzubewahren.

Das Öl in einem großen Topf erhitzen und die Zwiebeln darin in etwa 10 Minuten weich braten. Essig, Zucker, Salz und etwas Muskat dazugeben und etwa 15 Minuten bei geringer Hitze weiterbraten.

Sofort servieren oder in ein sterilisiertes Einmachglas füllen und höchstens einige Tage im Kühlschrank aufbewahren.

ERGIBT 1 GLAS À 500 GRAMM

— 2 EL natives Olivenöl extra
— 500 g *Borettane*-Zwiebeln oder kleine Silber- oder Perlzwiebeln, geschält
— 6 EL Balsamico
— 50 g Zucker
— 15 g Salz
— frisch geriebene Muskatnuss

PIZZA ALL'ANDREA (PISSALADIÈRE)
Pizza mit Zwiebeln und Anchovis

An der französischen und italienischen Riviera liebt man diese köstliche Pizzavariante – ob zum Frühstück oder zwischendurch als schneller Snack. Dort ist sie in Bäckereien und Feinkostläden erhältlich. Meist wird sie auf großen viereckigen Blechen in Rechtecke geschnitten angeboten, doch man kann sie ebenso als runde Pizza zubereiten.

150 Milliliter warmes Wasser mit Salz und Olivenöl vermischen und die frische Hefe darin auflösen. Das Mehl auf eine Arbeitsfläche sieben und in die Mitte eine Mulde drücken. Die Hefemischung tropfenweise in die Mulde geben und alles mit den Händen grob zu einem Teig vermischen. (Trockenhefe einfach ins Mehl geben und dann die Flüssigkeit hinzufügen.)

Den Teig mit den Händen kneten, bis er eine weiche, glatte Konsistenz hat, und ihn zu einer Kugel rollen.

Nun eine große Schüssel mit Mehl ausstreuen und den Teig hineinlegen. Den Teig mit etwas Olivenöl bestreichen, damit sich keine Kruste bildet. Die Schüssel mit einem trockenen Tuch abdecken und den Teig etwa 1 Stunde an einem warmen Ort (mindestens 20 °C) gehen lassen, bis sich das Teigvolumen verdreifacht hat.

Backofen auf 230 °C vorheizen. Vier runde Pizzableche mit 27 Zentimetern Durchmesser mit Olivenöl einfetten. Die Arbeitsfläche mit Mehl bestäuben.

PIZZATEIG (ERGIBT 4 RUNDE PIZZAS MIT 27 CM DURCHMESSER)
— 1 Prise Salz
— 2 EL natives Olivenöl extra und etwas Öl zum Bestreichen sowie für die Pizzableche
— 25 g frische Hefe (oder die entsprechende Menge Trockenhefe)
— 400 g Mehl und etwas Mehl für die Schüssel und die Arbeitsfläche

BELAG
— 500 g weiße Zwiebeln, geschält und in dünne Scheiben geschnitten
— 2–3 EL natives Olivenöl extra
— 20 Anchovisfilets in Öl, abgetropft

FORTSETZUNG NÄCHSTE SEITE...

Zwiebelfamilie

PIZZA ALL'ANDREA
(PISSALADIÈRE)
Pizza mit Zwiebeln und Anchovis

Den Teig in vier Portionen teilen und jede zu einer Kugel formen. Mit den Handballen sanft auseinanderdrücken und mit Daumen und Zeigefingern zurechtziehen. Von der Mitte aus beginnen und den Teig zu einem ca. 6 Millimeter dicken Kreis formen. Der Teigrand sollte etwas dicker sein, damit der Belag nicht ausläuft und der Rand im Ofen schön knusprig wird.

Die Zwiebeln in einer großen Pfanne im Olivenöl etwa 10 Minuten braten, bis sie weich sind und leicht Farbe annehmen.

Jede Pizza in ein geöltes Pizzablech legen und die Zwiebeln darauf verteilen. Rautenförmig mit den Anchovis belegen und die Pizzas im vorgeheizten Backofen etwa 8 bis 15 Minuten backen.

FÜR 4 PERSONEN

PIZZA ALL'ANDREA
(PISSALADIÈRE)
Pizza mit Zwiebeln und Anchovis
Seite 125–126

BIGOLI IN SALSA GENOVESE
Pasta mit Zwiebeln und Tomatensauce

Bigoli ist eine handgemachte venezianische Pastasorte, die an sehr große Spaghetti erinnert. Da sie nicht so leicht zu bekommen ist, schlage ich stattdessen *Bucatini* vor, Spaghetti mit einem Loch in der Mitte. Der Rezepttitel ist allerdings irreführend, denn obwohl *Bigoli* aus Venedig stammen und die Sauce Genovese, also »aus Genua« genannt wird, wird das Gericht heute vor allem mit Neapel assoziiert. Sind nun alle Fragen geklärt?

Für die Sauce das Öl in einem großen Topf erhitzen und die Zwiebeln darin in etwa 10 Minuten weich braten. Die Tomaten dazugeben und alles etwa 30 Minuten sanft köcheln lassen. Dabei ab und zu umrühren.

Die Pasta in einem Topf mit ausreichend kochendem Salzwasser in etwa 10 Minuten *al dente* garen. Über einem Sieb abgießen und abtropfen lassen.

Die verquirlten Eier in die Tomatensauce geben und kurz umrühren, bis die Sauce eindickt. Nach Geschmack mit Salz und Pfeffer würzen. Die Pasta mit der Sauce mischen und mit geriebenem Parmesan bestreuen.

FÜR 4 PERSONEN

—350 g *Bucatini*
—50 g frisch geriebener Parmesan

SAUCE
—4 EL natives Olivenöl extra
—200 g Zwiebeln, geschält und in Scheiben geschnitten
—1 Dose stückige Tomaten (400 g)
—2 große Eier, verquirlt
—Salz
—frisch gemahlener Pfeffer

CIPOLLE RIPIENE
Gefüllte Zwiebeln

Die Italiener füllen gerne jede Art von Gemüse, das sich dafür anbietet. Zucchini, Auberginen, Artischocken, Tomaten, Paprikaschoten, Oliven und Zucchiniblüten können, trotz kleiner Unterschiede, mit der folgenden Mischung gefüllt werden. Für eine vegetarische Variante das Fleisch einfach weglassen — oder in diesem Buch nach einer der zahlreichen anderen fleischlosen Füllungen suchen.

Die Zwiebeln schälen. In einem großen Topf mit ausreichend leicht gesalzenem Wasser etwa 10 Minuten kochen. Über einem Sieb abgießen und abtropfen lassen. Leicht abkühlen lassen, die Spitzen der Zwiebeln abschneiden und die Zwiebeln aushöhlen, dafür zwei Drittel des inneren Fruchtfleischs herausschaben. Das ausgeschabte Fruchtfleisch für die Füllung fein hacken und beiseitestellen.

Für die Füllung das Olivenöl in einer großen Pfanne erhitzen. Das Wurstbrät und die gehackte Zwiebel darin etwa 10 Minuten anbraten. Abkühlen lassen.

Backofen auf 180 °C vorheizen.

Die restlichen Zutaten zur Fleischmischung geben. Nach Geschmack mit Salz und Pfeffer würzen. Alles gut mischen, die Zwiebeln mit der Masse füllen und die Zwiebelspitzen wieder aufsetzen.

Die gefüllten Zwiebeln auf ein Backblech setzen, mit etwas Olivenöl beträufeln und im vorgeheizten Backofen 20 bis 25 Minuten backen. Heiß oder kalt servieren.

FÜR 4 PERSONEN

—8 große rote oder weiße Zwiebeln
—Salz

FÜLLUNG
—1 EL natives Olivenöl extra und etwas Öl zum Beträufeln
—200 g *Lucanica* (Schweinsbratwurst), gehäutet
—1 EL weiche Rosinen
—1 EL Pinienkerne
—frisch geriebene Muskatnuss
—1 Prise Zimtpulver
—3 EL fein geriebenes frisches Weißbrot
—1 Amaretti, zerbröselt
—1 EL frisch geriebener Parmesan
—1 mittelgroßes Ei, verquirlt
—Salz
—frisch gemahlener Pfeffer

Zwiebelfamilie

FRUCHTGEMÜSE

Bei allen bisher beschriebenen Gemüsesorten handelte es sich um verschiedene Teile bestimmter Pflanzen. Staudensellerie zum Beispiel ist ein klassisches Stängelgemüse; Weißkohl und Kopfsalat sind Blattgemüse; Blumenkohl und Brokkoli sind Blütengemüse; Karotten, Zwiebeln und Kartoffeln fallen in die (wenngleich etwas disparate) Kategorie der Wurzelgemüse. Beim *Fruchtgemüse* handelt es sich jedoch um die Früchte der Pflanzen. Sie wachsen an Stängeln und entwickeln sich aus einer Blüte. Ihr Körper ist fleischig und enthält einzelne oder mehrere Samen, aus denen sich die nächste Pflanzengeneration entwickelt. Botanisch werden sie, weil sie Samen enthalten, als Früchte klassifiziert – obwohl die meisten als Gemüse bekannt sind und auch als solche verwendet werden.

Eine Pflanzenfamilie mit vielen Fruchtgemüsearten sind die Kürbisgewächse, die *Cucurbitaceae*. Sie sind hauptsächlich in Mittel- und Südamerika beheimatet. Zu ihren Mitgliedern gehören Melonen und Wassermelonen, die meisten Kürbissorten (auch bekannt als Winterkürbisse), Salat- und Gärtnergurken und die Zucchini (bekannt als Sommerkürbisse).

Weitere Fruchtgemüse, die ebenfalls vom amerikanischen Kontinent stammen, sind Strauchfrüchte wie Tomaten, Paprika- und Chilischoten, ebenso wie die Auberginen, die allerdings asiatischer Herkunft sind. Avocado und Olive hingegen sind Baumfrüchte und haben jeweils nur einen Samenkern bzw. Stein in ihrem Inneren, werden aber eher zum Gemüse gezählt. Streng genommen, sind Erbsen und Bohnen im botanischen Sinne ebenfalls Fruchtgemüse, da die Früchte, also die Hülsen oder Schoten, ebenfalls Samen beinhalten.

WINTERKÜRBISSE

Winterkürbisse gehören zur Gattung *Cucurbita maxima*. Hierbei handelt es sich um Kürbisgewächse, die sich den Winter über lagern lassen. Ihre dicke Schale verfestigt sich und schützt das Fruchtfleisch. Ihre Samen sind voll ausgereift. Die artenreiche Gattung *C. pepo*, die sogenannten Gartenkürbisse, sind größtenteils Sommerkürbisse. Diese werden unreif geerntet, während die Schale noch weich ist und die Samen kaum sichtbar sind. Manche Sorten fallen jedoch in beide Kategorien. Einige Winterkürbisse können jung geerntet und ungeschält zubereitet werden. Die meisten aber lässt man wachsen und lagert sie, wenn die Schale hart und das Fruchtfleisch faseriger wird.

Der Spätsommer und der Herbst ist die Zeit, in der **Gartenkürbisse** (*Zucca*) in allen Formen, Farben und Größen erhältlich sind. Der Kürbis stammt aus Amerika und spielt dort eine wichtige Rolle, beispielsweise zu Thanksgiving als süß-würziger *Pumpkin pie* (Kürbiskuchen). In Italien haben wir ihn begeistert aufgenommen – ich denke da an die großen, leuchtend orangefarbenen Scheiben, die im Ofen gebraten und als Füllung für *Ravioli di zucca* (Kürbisravioli) dienen, eine Spezialität aus Cremona in der Lombardei. Das Fruchtfleisch wird auch für Suppen und Risottos verwendet oder eingelegt. Zu meinen Eigenkreationen gehört ein süßsaures Kürbisgericht, das ich gerne als *Antipasto* oder als Beilage zu einem Braten serviere (siehe Seite 148). Auch der amerikanische Halloween-Brauch, Kürbisse auszuhöhlen und Gesichter hineinzuschnitzen, ist inzwischen ebenfalls in Europa weitverbreitet. Dabei sollten Sie die Kerne nicht wegwerfen. Sie sind nicht nur feinstes Vogelfutter, sondern können auch getrocknet und geröstet werden. Man kann sie geschält über frisches Obst oder einen Salat streuen oder einfach knabbern wie in vielen Ländern des Nahen und Mittleren Ostens, wo sie oft an Straßenständen verkauft werden. Außerdem wird ein dunkles, aromatisches Öl aus Kürbiskernen gewonnen. Es schmeckt fast wie Sesamöl und wird hauptsächlich in der österreichischen Küche verwendet, verdient aber auch andernorts mehr Beachtung.

Weitere Winterkürbissorten sind Butternut, Kabocha, Marina di Chioggia und Eichelkürbis. Der **Butternut-Kürbis** ist unten breit und oben schmaler, hat ein süßes, intensives Aroma und kann, wie alle Kürbissorten, gebacken, gefüllt, gegrillt oder beispielsweise für Suppen, Brote, Pies oder Risottos verwendet werden. Der **Kabocha-Kürbis** wird in vielen Teilen der Welt als Japanischer Kürbis bezeichnet, da er im Fernen Osten gezüchtet wurde. Die Sorte **Marina** oder **Piena di Chioggia** stammt aus dem Veneto und ist geformt wie ein Turban mit einer Schale, die an die warzige Haut einer Kröte erinnert. In der Region nennt man ihn *Suca baruca* (Warzenkürbis), früher wurde er im Ofen gebacken und von Straßenhändlern als Snack verkauft. Der **Eichelkürbis** gehört zwar zu den Sommerkürbissen, wird aber wie ein Winterkürbis verwendet.

Der eigentümlichste Vertreter seiner Art ist der **Spaghettikürbis**. Obwohl er zu den Gartenkürbissen (*C. pepo*) gehört, gilt er als Winterkürbis. Das rohe Fruchtfleisch ist fest, ähnlich wie bei anderen Kürbissorten; nach dem Kochen aber verwandelt sich das Fleisch in Fäden, die aussehen wie Spaghetti und auch als solche verwendet werden können. Und dann gibt es da noch den **Cucuzza-Kürbis** aus dem italienischen Süden, der auch als Schlangenkürbis (*Zucca lunga* oder *Zucchino rampicante*) bezeichnet wird. Er kann bis zu 1,50 Meter lang werden, ist leicht anzubauen, schmeckt köstlich und lässt sich sowohl als Sommer- als auch als Winterkürbis verwenden. In Sizilien wird er in Form kandierter Kürbisstückchen in der regionalen Dessertspezialität *Cassata siciliana* (einer Schichttorte mit Biskuit und Ricottacreme) verwendet.

Kürbisblüten – am besten die männlichen, die keine Frucht ausbilden – können wie Zucchiniblüten verwendet werden. Sie sind zwar kleiner als diese, haben aber einen intensiveren Geschmack.

SOMMERKÜRBISSE

Sommerkürbisse gehören zur selben Familie wie Winterkürbisse und werden botanisch den Gartenkürbissen (*C. pepo*) mit ihren verschiedenen Unterarten zugerechnet. Die folgenden Sommerkürbisse werden größtenteils unreif geerntet, und die meisten entwickeln keine dicke Schale, die das Fruchtfleisch während der Lagerung schützen könnte. Auch ihre Samen sind noch unreif. Keine dieser Sorten sollte zu lange gegart werden, da das Fleisch sonst leicht matschig wird.

Der bekannteste Sommerkürbis, zumindest in Italien, ist die **Zucchini**, oder in der Einzahl *Zucchino* (»kleiner Kürbis«). Die Zucchini bringt eine Frucht und eine hübsche Blüte hervor, die beide in der italienischen Küche häufig verwendet werden. Die Pflanze wird fast überall auf der Welt angebaut und ist sehr ergiebig. In meinem Londoner Garten trägt sie den ganzen Sommer Früchte, sogar noch im Herbst. Es macht mir immer große Freude, aus ihren letzten Früchten und Triebspitzen eine köstliche Suppe zuzubereiten. Im Süden Italiens gibt es eine Zucchinisorte (oftmals die oben genannte *Zucca lunga*), die speziell wegen ihrer zarten Triebe gezüchtet wird, die für die Gemüsesuppe *Minestra* verwendet werden. Die Zucchini kann in Scheiben geschnitten, in Öl gebraten und für *Scapece* in Knoblauch und Minze mariniert oder, in längliche Scheiben geschnitten, entweder gegrillt oder in Ausbackteig frittiert werden. Man kann sie auch im Ofen zubereiten, etwa mit Käse überbacken für eine *Parmigiana* (ein Auflauf mit Parmesan und Tomatensauce, ähnlich wie die Variante mit Auberginen, siehe Seite 156). Junge, zarte Zucchini kann man auch roh essen, als Rohkostplatte mit *Bagna cauda* (Anchovis-Knoblauch-Dip). Früher mussten Zucchini vor der Zubereitung gesalzen werden, damit das Fruchtfleisch Wasser zieht. Heute ist dies jedoch kaum noch notwendig.

Zucchini gibt es in verschiedensten Farben, Größen und Formen – von der vertrauten länglichen grünen über leuchtend gelbe bis hin zu gestreiften runden Zucchini. Lässt man sie weiterwachsen, erhält man den sogenannten Markkürbis. Markkürbisse kann man beispielsweise füllen und im Ofen braten. So wie die anderen Vertreter der Kürbisfamilie hat die Zucchini essbare Blüten. Die männlichen Blüten entwickeln keine Früchte und wachsen an einem dünnen Stiel. Auf italienischen Märkten werden sie im Bund verkauft. Weibliche Blüten, oft noch mit Fruchtansatz, sieht man seltener. Beide Blüten kann man mit Ricotta füllen oder durch Ausbackteig ziehen und frittieren. Außerdem ergeben sie ein hervorragendes Zucchiniblütenrisotto. (Untersuchen Sie aber zuerst das Innere der Blüten: Manchmal finden sich darin Insekten!)

Ein weiterer typischer Sommerkürbis ist die **Gurke** (*Cetriolo*). Viele Mitglieder der Kürbisfamilie stammen aus Amerika, aber die Gurke kommt vermutlich aus Südindien. Sie zählt zu den ältesten Kulturpflanzen und wird seit über 3000 Jahren angebaut. Die Gurke kommt in vielen verschiedenen Sorten vor – darunter die lange europäische, die gedrungene amerikanische und die stachlige asiatische –, die sich in Geschmack und Textur jedoch alle ähneln. Wie viele ihrer Verwandten enthalten sie eine große Menge an Wasser (etwa 96 Prozent) und sind daher mild und frisch im Geschmack, was vielleicht zu ihren wichtigsten kulinarischen Qualitäten gehört. Daher werden sie meistens roh in Salaten sowie als Belag für Sandwiches verwendet. Rohe Gurken schmecken außerdem köstlich als Zutat von Joghurtsoßen wie in der indischen *Raita* und im griechischen *Tsatsiki*, als knackige Rohkost zum Dippen oder als essbare Dekoration von pochiertem Lachs. In meinem Restaurant in der Neal Street servierte ich sehr oft auch eine kalte Sommersuppe aus pürierten Gurken und Tomaten (siehe Seite 153). Gurken sind aber auch gegart eine gute Beilage zu Fisch oder Hähnchen und sie lassen sich wunderbar einlegen, vor allem die kleinen Gürkchen (in Italien als *Cetriolini* und in Frankreich als *Cornichons* bekannt). Unter den eingelegten Gurken sind mir die mittelgroßen am liebsten, aromatisiert mit Essig, Zucker, Dill und Koriandersamen, die fantastisch zu kaltem Fleisch oder Schweinebraten passen. Beliebt sind auch die eingelegten Dillgurken.

STRAUCH- UND BAUMFRÜCHTE

Mindestens ein Drittel aller italienischen Gerichte wird mit Früchten von Sträuchern und Bäumen zubereitet, entweder einzeln oder kombiniert mit anderen Zutaten. Die italienische Küche, vor allem die des Südens, basiert auf der teils sehr fantasievollen Verwendung von Strauch- und Baumfrüchten für köstliche und nahrhafte Gerichte. Viele kommen gänzlich ohne teures Fleisch und Fisch aus und waren daher auch für die Allerärmsten erschwinglich. Die Rezepte wurden im Lauf der Jahrhunderte von der Landbevölkerung, den *Contadini* (Bauern), entwickelt, die aus allem etwas zubereiteten, was sie anbauen. Auch ist selbst ziehe ein gut zubereitetes und gut gewürztes einfaches Gemüsegericht oft einem aufwendigen Fleischgericht vor. Um diese Einstellung zu verstehen, muss man nur einmal eine gute *Parmigiana* (Auflauf) aus Auberginen oder Zucchini probieren.

Die meisten Strauchfrüchte, von denen ich hier spreche, stammen ursprünglich vom amerikanischen Kontinent. Paprikaschoten, sowohl die milden als auch die scharfen Chilischoten und Tomaten gehören allesamt zur Familie der *Solanaceae*, ebenso wie Kartoffeln, Tabak und einige giftige Nachtschattengewächse. Die Aubergine gehört ebenfalls zu dieser Familie, stammt jedoch vermutlich aus Asien und wurde wohl von den Mauren nach Spanien eingeführt. Alle wurden im Zuge des Kolumbianischen Austauschs (siehe Seite 22) in Europa anfangs mit großem Misstrauen beäugt. Die Früchte fanden keine Beachtung und die Pflanzen galten als reine Dekoration. Auberginen beispielsweise wurden in der Küche nicht verwendet, da man annahm, sie würden Epilepsie auslösen, was sich noch heute in ihrem italienischen Namen *Melanzana* widerspiegelt: Er bedeutet »Apfel des Wahnsinns«.

Die **Aubergine** (*Melanzana*) ist in verschiedenen Formen und Farben erhältlich. Zu den ersten Sorten, die Europa erreichten, gehörte die weiße, runde Sorte, doch am bekanntesten ist wohl die dunkelviolette Variante. Weitere Verwandte sind die kleinen grünen Thai-Auberginen, die Früchte des Pokastrauchs, die in asiatischen Currys verwendet werden, und die langen, dünnen grünen Auberginen, die an dicke Stangenbohnen erinnern. Alle wachsen an niedrigen, buschigen Pflanzen mit stachligen Stängeln und Blättern. Sie haben ein gelbgrünes Fruchtfleisch.

Auberginen müssen – wie ihre Verwandten, die Kartoffeln – gekocht werden. Das Fruchtfleisch war früher recht bitter und musste daher mit Salz behandelt werden. Bei den heutigen Züchtungen ist dies jedoch nicht mehr nötig. Dennoch ist das Salzen empfehlenswert, da es die Zellwände etwas aufbricht und so verhindert, dass die Auberginen beim Braten zu viel Öl aufsaugen. (Eine weitere Methode hierfür ist es, sie kurz in kochendem Wasser zu blanchieren.) Auberginen können gebraten, gedünstet oder geschmort werden, etwa für die sizilianische Spezialität *Caponata* (das italienische Äquivalent zur französischen *Ratatouille*), eine schmackhafte Pastasauce.

Für eine *Parmigiana* (Gemüseauflauf mit Parmesan und Tomatensauce) werden die Auberginenscheiben in Ei und Mehl gewendet und dann gegrillt oder gebraten. Ein hervorragendes *Antipasto* sind roh in Essig eingelegte Auberginen, gewürzt mit Knoblauch und Oregano. Auberginenmedaillons können auch im Ofen gebraten werden. Gekochtes, leicht ausgedrücktes Auberginenfruchtfleisch kann man mit Hackfleisch und Gewürzen mischen und wundervolle Küchlein oder Fritters daraus braten. Auberginen lassen sich außerdem gut füllen, indem man das Fruchtfleisch herausschabt und mit würzigen Zutaten mischt oder eine Füllung in dünne Auberginenscheiben einrollt.

Paprika (*Peperone*) ist ebenfalls ein sehr vielseitiges Gemüse. Ursprünglich aus Amerika importiert, ist es inzwischen in Europa heimisch geworden, vor allem in Italien. (Interessant ist, dass erst die Einführung der Paprika verschiedenen Landesküchen die

Zutat geliefert hat, für die sie heute bekannt sind: Typisch für die indische Küche sind Chilischoten, in Ungarn ist es das Paprikapulver und die mediterrane Küche ist unter anderem für mild-süße Paprikaschoten berühmt.

Paprikaschoten kann man roh oder gekocht essen. Es gibt viele Sorten, Formen und Farben – Grün, Rot, Gelb und sogar Schwarz und Orange. Einige sind fast quadratisch geformt und recht fleischig, andere sind länglich wie ein Horn und haben dünneres Fruchtfleisch, aber alle haben Samenkerne im Inneren (und selbst bei milden Paprikaschoten sind diese manchmal scharf). Paprikaschoten kann man grillen, im Ofen braten und als Salat essen, gebraten, süßsauer eingelegt und gefüllt. Als ich noch klein war, hatten wir eine große *Damigiana*, ein großes Glasgefäß mit Korbgeflecht und einer großen Öffnung. Darin legte meine Mutter fleischige Paprikaschoten in unverdünntem Weißweinessig ein. Der Geschmack dieser sogenannten *Pepacelle* war hervorragend, vor allem wenn sie mit Schweinefleisch gekocht wurden, und meine Aufgabe war es meist, die Paprikaschoten aus der Flüssigkeit zu fischen. Damals bereitete man Paprikaschoten auch oft im Ganzen zu, vor allem *Friarielli*, eine kleine grüne Sorte, die in Öl gebraten und mitsamt der Samenkerne gegessen wurde. Genauso isst man auch die spanische Variante, die *Pimientos de Padrón* aus Galizien, die inzwischen auch international Bekanntheit erlangt haben. Eine spezielle Kategorie, aber nicht weniger wichtig, sind die sehr kleinen roten, etwa walnussgroßen Paprikaschoten, die eine leichte Schärfe besitzen. Man kann sie beispielsweise mit Käse und Kräutern oder mit einer Mischung aus Thymian und Paniermehl füllen.

Was ich bis heute nicht vergessen kann, sind die **Chilischoten** (*Peperoncini*) aus den südlichen italienischen Regionen wie den Abruzzen, Apulien, Kalabrien, Sizilien, Kampanien und Sardinien. Man sieht sie dort oft an langen Schnüren von Balkonen und Fenstern hängen, bereit für den Einsatz in unzähligen Saucen, Würsten und Eintöpfen. Sie sind eng verwandt mit den milden Paprikaschoten, aber Samen, weiße Membranen und Schale enthalten deutlich mehr Capsaicin, ein Alkaloid, das für ihren stechend scharfen Geschmack sorgt. *Spaghetti aglio, olio e peperoncino* (Spaghetti mit Knoblauch, Öl und Chili) etwa sind ein bekanntes Aphrodisiakum. Es ist vermutlich das simpelste aller italienischen Rezepte und dient daher oft als Mitternachtsmahl, wenn man spät nach Hause kommt und noch etwas Hunger hat. Chilis – oder *Diavoletti/Diavolilli*, wie sie im Dialekt heißen – sind eine geschätzte Aromazutat, allerdings nur in bestimmten italienischen Gerichten wie der berühmten Pastasauce *all'arrabbiata*. Neben würzig-scharfen Würsten mit Chilischoten und Fenchelsamen gibt es in Kalabrien noch zwei weitere Chilispezialitäten: Die eine nennt sich *'Nduja*, eine Paste auf Basis von Schweinespeck und Chili, und die andere *Rosamarine*, eine Mischung aus Chili und frisch geschlüpftem Fisch (*Neonata*). Meine Mutter war eine Meisterin in der Zubereitung eines Gerichts aus Lunge, Herz und Leber, entweder vom Schwein oder

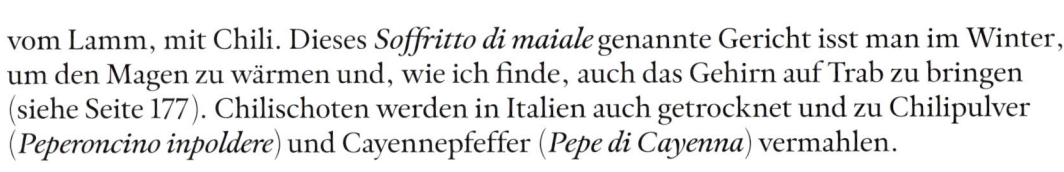

vom Lamm, mit Chili. Dieses *Soffritto di maiale* genannte Gericht isst man im Winter, um den Magen zu wärmen und, wie ich finde, auch das Gehirn auf Trab zu bringen (siehe Seite 177). Chilischoten werden in Italien auch getrocknet und zu Chilipulver (*Peperoncino inpoldere*) und Cayennepfeffer (*Pepe di Cayenna*) vermahlen.

Die **Avocado** (*Avocado*) ist in Italien eine relativ neue Frucht. Zwar hat man im Süden einige Avocadobäume gepflanzt, die ursprünglich vom amerikanischen Kontinent stammende Frucht wird aber dennoch größtenteils importiert. Avocados werden üblicherweise roh gegessen, obwohl man sie auch kochen kann, allerdings nur sehr kurz. Die Schale ist ungenießbar, doch die Avocado hat von allen Früchten den höchsten Protein- und Fettgehalt – über 20 Prozent ihres Gewichts besteht aus Fett (hauptsächlich wertvolle einfach und mehrfach ungesättigte Fettsäuren). Wenn Sie eine Avocado aufschneiden, sollten Sie die Schnittflächen sofort mit Zitronen- oder Limettensaft einreiben, damit sich das Fruchtfleisch nicht verfärbt. Eine wichtige Rolle spielt die Avocado in Vorspeisen – halbiert, entsteint und gefüllt mit Garnelen und Mayonnaise, Vinaigrette oder Krabbensalat. Avocados können aber auch als Aufstrich bzw. Dip verwendet werden (der berühmteste ist die mexikanische *Guacamole*).

Und was wäre italienisches Essen ohne Oliven! Olivenbäume stammen aus dem Mittelmeerraum und werden in Italien seit 2000 Jahren gezüchtet. Jede der 18 Regionen Italiens produziert **Oliven** (*Olive*) und Olivenöl – und das, obwohl die Bäume im größtenteils bergigen Land oft unter schwierigen Bedingungen wachsen. In Ligurien zum Beispiel – einer Region mit hervorragendem Olivenöl – werden die Bäume auf Terrassen angebaut, die nur zu Fuß erreichbar sind, weshalb diese Oliven auch nur von Hand geerntet werden. Olivenöl ist eine Grundzutat der italienischen Küche. Es wird aus verschiedenen Olivenarten in verschiedenen Reifestadien hergestellt. Am besten ist natives Olivenöl extra, vorzugsweise aus frischen, handgepflückten Oliven, die anschließend kalt gepresst werden. Das Öl eignet sich wunderbar für Salate und Dressings. Öle von geringerer Qualität können zum Kochen und Braten verwendet werden.

Die Olivenfrucht muss, wenn sie denn nicht zu Öl verarbeitet wird, vor dem Verzehr behandelt werden, da sie bitter schmeckt. Hierzu wird sie erst in Wasser und Lake eingelegt und anschließend konserviert. Man kann sie mit Knoblauch, Chili, Fenchel oder Ähnlichem aromatisieren oder auch füllen (etwa mit Anchovis oder Mandeln). Sie wird beispielsweise mit Brot als *Antipasto* oder – wie in Ascoli in der italienischen Region Marche (Marken) – gefüllt und gebraten serviert (siehe Seite 178).

Die **Tomate** (*Pomodoro*) ist wahrscheinlich das wichtigste Fruchtgemüse Italiens und sozusagen das Rückgrat der italienischen Küche – auch wenn sie hier erst seit dem 16. Jahrhundert bekannt ist. Das italienische Wort »*Pomodoro*« bedeutet so viel wie »Goldapfel«, da die ersten bekannten Tomaten gelb waren. Tomaten sind auch deshalb so wertvoll, weil sie sowohl frisch als auch konserviert verwendet werden können. Ohne Tomaten könnte ich gar nicht kochen. Zu den jüngsten Neuheiten gehört die Entwicklung einer Sorte mit einem Gewicht von über einem Kilogramm! Mir reicht die *Cuore di bue* (Ochsenherztomate), die bisher größte Sorte, vollkommen aus. Ebenso gern mag ich die *Pomodorini* aus Apulien, eine kirschgroße Tomate, die den ganzen Winter über gelagert werden kann. Hierzu werden die Tomaten als ganze Rispen aufgehängt und danach vor allem für frische Saucen verwendet. Während ihrer Lagerung schrumpfen sie zwar und sind recht zäh, haben dafür jedoch einen herrlich süßen Geschmack. Vor allem in Norditalien werden Tomaten in Salaten fast grün gegessen. Selbst wenn sie gerade erst beginnen, sich rot zu färben, schmecken sie sehr gut. Doch am liebsten mag ich die reifen roten Tomaten, aus denen man auch die beste Tomatensauce zubereitet. Meine Großmutter kannte zwei Methoden, um Tomaten haltbar zu machen: Sie schabte Samenkerne und Flüssigkeit heraus, ließ die Tomaten langsam in der Sonne trocknen und verwendete sie als konzentriertes Tomatenmark. Oder sie nahm die länglichen, pflaumenförmigen Eiertomaten (vom Typ *San Marzano*), schnitt sie in Viertel (*Filetti*) und legte sie – nur mit Salz und etwas Basilikum – in einer Glasflasche mit einem weiten Hals ein. Auch wenn die Lebensmittelindustrie inzwischen eine riesige Auswahl an Tomatenkonserven anbietet – ob in Dosen, Gläsern oder Tuben –, stellen viele Italiener ganz wie in alten Zeiten diese nostalgischen *Pomodoro in bottiglia* her. Tomaten kann man roh in verschiedensten Salaten oder als Belag für *Bruschetta* verwenden. Sie sind Teil der neapolitanischen Pastasauce *Pomarola*, man kann Chutneys daraus zubereiten oder sie aushöhlen und – zum Beispiel mit Reis, Thunfisch oder Paniermehl – füllen und im Ofen braten. Von sonnengetrocknet über halbgetrocknet bis zu eingelegt im eigenen Saft – die Tomate ist in jeder italienischen Speisekammer und in den meisten italienischen Mahlzeiten allgegenwärtig und die Auswahl an Tomatenrezepten ist in Italien geradezu unendlich.

RISOTTO CON ZUCCA
Kürbis-Risotto

Kürbis kann für Pastagerichte, Suppen und, wie hier, für ein Risotto verwendet werden. Hierbei handelt es sich um ein sehr einfaches Rezept, das in der Lombardei und in der Poebene sehr beliebt ist, wo auch ein Großteil des italienischen Risottoreises angebaut wird. Hierfür lassen sich alle Arten von Kürbissen – abgesehen vielleicht vom Spaghettikürbis – verwenden.

Die Brühe in einem großen Topf warm halten.

Die Hälfte der Butter in einem großen, flachen Topf erhitzen und die Zwiebel darin etwa 10 Minuten anbraten. Den Kürbis dazugeben und etwa 5 Minuten mitbraten. Den Reis hineingeben und umrühren, um die einzelnen Körner mit Öl zu überziehen. Den Wein dazugießen und einige Minuten sprudelnd kochen und die Flüssigkeit etwas einreduzieren lassen. Die heiße Brühe schöpfkellenweise hinzufügen. Nach jeder Zugabe umrühren und erst dann mehr Brühe hinzufügen, wenn die gesamte Flüssigkeit aufgesogen ist, jedoch nie so viel, dass zu viel Flüssigkeit im Topf ist. Den Vorgang 15 bis 20 Minuten wiederholen, dabei immer wieder umrühren, köcheln lassen und Brühe dazugeben. Dann probieren, ob der Reis die gewünschte Bissfestigkeit erreicht hat. Die Konsistenz des Risottos sollte feucht, aber nicht nass sein.

Restliche Butter, Muskatnuss und Zimt hinzufügen. Alles mit Salz und Pfeffer abschmecken. Parmesan und Petersilie untermischen und das Kürbis-Risotto servieren.

FÜR 4 PERSONEN

—1 ½ l Gemüsebrühe
—80 g Butter
—1 mittelgroße Zwiebel, geschält und fein gewürfelt
—200 g Kürbisfruchtfleisch, fein geraspelt
—300 g Risottoreis (z. B. *Vialone nano* oder *Carnaroli*)
—125 ml trockener Weißwein
—½ TL frisch geriebene Muskatnuss
—1 Prise Zimtpulver
—Salz
—frisch gemahlener Pfeffer
—50 g frisch geriebener Parmesan
—2 EL frische glatte Petersilie, fein gehackt

ZUCCA IN AGRODOLCE
Süßsauer eingelegter Kürbis

Eingelegter Kürbis ist sehr vielseitig verwendbar und kann entweder als Beilage zu warmen Speisen oder allein serviert werden – etwa als kleines *Antipasto* oder als Teil eines *Antipasto*. Die natürliche Süße des Kürbis, gepaart mit der leichten Säure des Essigs, ergibt eine schmackhafte Kombination.

Den Kürbis schälen und erst in 10 Zentimeter breite Spalten, dann in dünne Stücke schneiden. Die Stücke mit Mehl bestäuben. Das Olivenöl in einer Pfanne erhitzen und die Kürbisstücke darin auf beiden Seiten goldbraun braten. Auf Küchenpapier abtropfen lassen.

Die Kürbisstücke in einer ofenfesten Keramikform dachziegelartig übereinanderschichten und mit gewaschenen, trocken geschüttelten Salbeiblättern und Rosmarinnadeln bestreuen.

In einem kleinen Topf Balsamico, Knoblauch und etwas Salz und Pfeffer mischen. Kurz aufkochen lassen.

Die heiße Essigmischung über die Kürbisstücke gießen. Bis zum Servieren einige Stunden durchziehen lassen, damit sich die Aromen gut verbinden.

FÜR 4–6 PERSONEN

—750 g gelber oder orangefarbener Kürbis
—etwas Mehl zum Bestäuben
—etwas Olivenöl zum Braten
—6 große frische Salbeiblätter
—1 TL Rosmarinnadeln
—50 ml Balsamico
—2 Knoblauchzehen, geschält und fein gewürfelt
—Salz
—frisch gemahlener Pfeffer

TORTELLI DI ZUCCA
Kürbis-Ravioli

Die Besonderheit dieses Rezepts beruht auf der Verwendung von süßen Amaretti-Keksen und der Schärfe der *Mostarda di Cremona*, den kandierten Früchten in Senfsirup.

Backofen auf 200 °C vorheizen.

Für die Füllung das Kürbisfruchtfleisch auf ein mit Backpapier belegtes Backblech geben, mit etwas Olivenöl beträufeln und im vorgeheizten Backofen etwa 50 Minuten backen. Das Kürbisfruchtfleisch sollte weich, durchgegart und relativ trocken sein. Falls nötig, in ein sauberes Tuch wickeln und möglichst viel Flüssigkeit herausdrücken.

Für die Pasta das Mehl auf die Arbeitsfläche sieben, in die Mitte eine Mulde drücken. Die Eier aufschlagen und zusammen mit 1 Prise Salz in die Mulde geben. Alles mit den Händen zu einem groben Teig verkneten, falls nötig, etwas mehr Mehl dazugeben. Die Arbeitsfläche gründlich säubern und den Teig 10 bis 15 Minuten kneten, bis er weich und elastisch ist. Teig in Frischhaltefolie wickeln und an einem kühlen Ort 30 Minuten ruhen lassen.

Das Kürbisfruchtfleisch in eine Schüssel geben und mit einer Gabel zu einem Püree zerdrücken. Gehackte Senffrüchte, Eier, Parmesan, Paniermehl und zerbröselte Amaretti hinzufügen und alles mit Salz, Pfeffer und Muskatnuss würzen. Alles zu einer dicken Paste verrühren.

Den Teig auf einer leicht bemehlten Arbeitsfläche mit einem Nudelholz 5 Millimeter dick ausrollen (oder durch eine Pastamaschine geben) und in 8 Zentimeter breite Streifen schneiden. Im Abstand von 6–7 Zentimetern je 1 Teelöffel Füllung mittig auf einen Pastastreifen setzen. Den Teig rund

—200 g italienisches Weizenmehl Type 00 (Pizzamehl) und etwas Mehl für die Arbeitsfläche
—2 mittelgroße Eier
—Salz

FÜLLUNG
—1,3 kg Kürbisfruchtfleisch
—etwas natives Olivenöl extra
—1 EL eingelegte italienische Senffrüchte (*Mostarda di Cremona*), sehr fein gehackt
—2–3 mittelgroße Eier, verquirlt
—100 g frisch geriebener Parmesan
—100 g Paniermehl
—4 Amaretti, zerbröselt
—Salz
—frisch gemahlener Pfeffer
—frisch geriebene Muskatnuss

ZUM SERVIEREN
—60 g Butter
—4 EL frische Salbeiblätter, gehackt
—60 g frisch geriebener Parmesan

um die Füllung mit Wasser bepinseln. Einen zweiten Pastastreifen darauflegen und die Teigstreifen rund um die Füllung
zusammendrücken, damit die Luft entweicht und die Pastastreifen zusammenkleben. Mit einem Teigrad oder Ravioli-
schneider 7 Zentimeter große *Tortelli* ausschneiden. Mit
einem sauberen Tuch abdecken und einige Minuten ruhen
lassen.

Die *Tortelli* 5 bis 6 Minuten in einem Topf mit ausreichend
Salzwasser kochen. Mit einem Schaumlöffel herausheben
und in eine vorgewärmte Schüssel geben.

Die Butter in einer kleinen Pfanne zerlassen und die Salbeiblätter darin 1 bis 2 Minuten anbraten. Die Salbeibutter über
die Tortelli gießen. Die *Tortelli* auf vorgewärmte Teller verteilen und mit Parmesan bestreut servieren.

FÜR 6–8 PERSONEN

ZUPPA ESTIVA DI CETRIOLO E POMODORO
Sommerliche Gurken-Tomaten-Suppe

Während der 26 Jahre, in denen ich das Restaurant in der Neal Street führte, habe ich jeden Sommer eine kalte, erfrischende Suppe wie diese hier serviert. Das Rezept gehört zu meinen absoluten Klassikern – falls Sie es also schon kennen, muss ich mich hiermit entschuldigen!

Gurke und Dill mit etwas Salz und Pfeffer in einem Standmixer glatt pürieren. Die Crème double untermischen und im Kühlschrank kühl stellen.

Die gehäuteten Tomaten zusammen mit gewaschenem, trocken geschütteltem Basilikum, Zwiebel, Olivenöl und etwas Salz und Pfeffer ebenfalls im Standmixer glatt pürieren und im Kühlschrank kühl stellen.

Zum Servieren etwas Gurkensuppe in einen tiefen Teller geben und die Tomatensuppe vorsichtig in die Mitte gießen. Mit einigen gewaschenen, trocken geschüttelten Basilikumblättern garnieren.

FÜR 4 PERSONEN

—2 große Salatgurken, geschält und in Stücke geschnitten
—2 EL frischer Dill, fein gehackt
—Salz
—frisch gemahlener Pfeffer
—3 EL Crème double
—2 große Fleischtomaten, gehäutet und gewürfelt
—10 frische Basilikumblätter und einige Basilikumblätter zum Garnieren
—1 kleine Zwiebel, geschält und grob gewürfelt
—2 EL natives Olivenöl extra

FIORI DI ZUCCHINI RIPIENI
Gefüllte Zucchiniblüten

Wenn Sie Kürbisse im eigenen Garten anbauen, können Sie für dieses Rezept auch Kürbisblüten (*Fiori di zucca*) verwenden. Ich bevorzuge dafür generell weibliche Zucchiniblüten, an denen sich die Früchte bilden, Sie können jedoch auch die männlichen Blüten verwenden, die an einem dünnen Stiel wachsen. Untersuchen Sie das Innere vor der Verwendung auf Insekten!

Die Zucchiniblüten vorsichtig waschen und trocken tupfen. Stempel und Staubgefäße entfernen. Für die Füllung Ricotta, Parmesan, Schnittlauch, Eigelbe und Muskatnuss zu einer Paste verarbeiten und mit Salz und Pfeffer würzen. Die Mischung in einen Spritzbeutel geben und die Blüten vorsichtig damit füllen. Blütenspitzen zusammendrehen und Blüten so verschließen.

Eine große, tiefe Pfanne zu einem Drittel mit dem Öl füllen und bei mittlerer Hitze heiß werden lassen.

Für den Ausbackteig Eier und Mehl vermischen. Um zu testen, ob das Öl die richtige Temperatur zum Frittieren erreicht hat, einen Brotwürfel hineingeben. Wenn er goldbraun und knusprig wird, ist das Öl heiß genug.

Die gefüllten Zucchiniblüten einzeln im Ausbackteig wenden, kurz abtropfen lassen und sofort ins heiße Öl geben. Nach und nach alle Zucchiniblüten hineingeben, aber nie mehr als vier Stück gleichzeitig. Die Blüten jeweils 2 bis 3 Minuten frittieren, bis alle goldbraun und knusprig sind. Auf Küchenpapier abtropfen lassen.

Als Vorspeise oder als Bestandteil eines *Fritto misto di vegetali* (gemischtes frittiertes Gemüse) heiß servieren.

FÜR 4–8 PERSONEN

- 8 weibliche oder 12 männliche geöffnete Zucchiniblüten
- Olivenöl und Sonnenblumenöl, gemischt, zum Frittieren

FÜLLUNG
- 400 g frischer Ricotta (vorzugsweise aus Schafsmilch)
- 20 g frisch geriebener Parmesan
- 1 kleines Bund frischer Schnittlauch, fein gehackt
- 2 mittelgroße Eigelb
- frisch geriebene Muskatnuss
- Salz
- frisch gemahlener Pfeffer

AUSBACKTEIG
- 3 mittelgroße Eier, verquirlt
- 3 EL Mehl

PARMIGIANA DI ZUCCHINI (O MELANZANE)
Überbackene Zucchini (oder Auberginen)

Anders als oft vermutet, stammt die *Parmigiana,* ein Auflauf aus mit Käse überbackenen Auberginen, ursprünglich aus Sizilien und nicht aus der Emilia-Romagna. Doch in ganz Italien wird dieses vegetarische Gericht gerne zubereitet. Wenn man statt Auberginen Zucchini verwendet, erhält man ein leichteres Gericht, da Zucchini weniger Öl aufsaugen.

Die *Parmigiana* eignet sich als köstliches leichtes Mittagessen für einen sonnigen Sonntag, und auch wenn die Zubereitung etwas Arbeit macht, ist sie stets die Mühe wert – vor allem wenn Sie Gäste zu bekochen haben.

—1 kg Zucchini oder Auberginen
—etwas Mehl zum Bestäuben
—3 große Eier, verquirlt
—etwas Olivenöl und Sonnenblumenöl, gemischt, zum Braten
—600 g *Taleggio* (norditalienischer Weichkäse), fein gewürfelt
—100 g frisch geriebener Parmesan

ZUM SERVIEREN
—Grundrezept Tomatensauce (siehe Seite 181)

Die Tomatensauce wie auf Seite 181 beschrieben zubereiten. Zucchini oder Auberginen waschen. Zucchini längs in 8 Millimeter dicke Scheiben, Auberginen in 1 Zentimeter dicke Scheiben schneiden. Die Scheiben erst im Mehl, dann in den verquirlten Eiern wenden. Eine Pfanne 2 Zentimeter hoch mit Öl füllen und das Öl erhitzen. Die Gemüsescheiben darin portionsweise auf beiden Seiten in 5 bis 8 Minuten goldbraun braten und auf Küchenpapier abtropfen lassen. Wiederholen, bis das gesamte Gemüse frittiert ist.

Backofen auf 200 °C vorheizen.

Etwas Tomatensauce in eine ca. 20 x 30 Zentimeter große und 8–10 Zentimeter tiefe ofenfeste Form geben. Eine Lage Gemüsescheiben und *Taleggio* daraufschichten. Mit Parmesan bestreuen und etwas Tomatensauce darübergeben. Weiterschichten, bis alle Zutaten verbraucht sind. Zum Schluss mit Parmesan bestreuen.

Die *Parmigiana* im vorgeheizten Backofen 30 bis 35 Minuten backen. Vor dem Servieren einige Minuten abkühlen lassen.

FÜR 8 PERSONEN

ZUCCHINI RIPIENI
Gefüllte Zucchini

Die Füllung für dieses Rezept ist dieselbe wie bei den gefüllten Zwiebeln auf Seite 133. Wenn Italiener Gerichte dieser Art zubereiten, sorgen sie gerne für etwas Abwechslung. Auf den Bildern zum Rezept auf Seite 172 sehen Sie gefüllte Paprikaschoten mit einer anderen Füllung, die sich beispielsweise auch für Auberginen eignet.

Die Zucchini längs halbieren und das weiche weiße Fruchtfleisch aus der Mitte herausschaben. Das Fruchtfleisch fein hacken und zusammen mit dem zerpflückten Wurstbrät im heißen Olivenöl etwa 10 Minuten anbraten, bis das Fleisch durchgegart ist. Abkühlen lassen.

Backofen auf 180 °C vorheizen.

Die restlichen Zutaten zur Fleischmischung geben. Nach Geschmack mit Salz und Pfeffer würzen. Alles gut mischen und die Zucchinihälften damit füllen.

Auf ein mit Backpapier belegtes Backblech setzen und mit etwas Olivenöl beträufeln. Im vorgeheizten Backofen in etwa 20 Minuten goldbraun und knusprig backen. Heiß oder kalt servieren.

FÜR 4 PERSONEN

— 4 mittelgroße Zucchini
— etwas natives Olivenöl extra
  zum Beträufeln

FÜLLUNG
— 200 g *Lucanica*
  (Schweinsbratwürste), gehäutet
— 1 EL natives Olivenöl extra
— 1 EL weiche Rosinen
— 1 EL Pinienkerne
— frisch geriebene Muskatnuss
— 1 Prise Zimtpulver
— 3 EL fein geriebenes frisches
  Weißbrot
— 1 Amaretti, zerbröselt
— 1 EL frisch geriebener Parmesan
— 1 mittelgroßes Ei, verquirlt
— Salz
— frisch gemahlener Pfeffer

CAPONATA SICILIANA
Sizilianischer Gemüsetopf

Dies ist ein Rezept, auf das jeder Sizilianer stolz ist. Sein historischer Ursprung liegt allerdings nicht in Italien. Eigentlich stammt es aus der kulinarischen Tradition der Franzosen und Araber, die Sizilien – zu verschiedenen Zeiten – vor Jahrhunderten besetzt hatten. Das Gericht ähnelt dem französischen *Ratatouille*, ebenfalls ein Auberginengericht, der arabische Beitrag besteht in den Kapern und Oliven. Die *Caponata* schmeckt sowohl heiß als auch kalt, ob als *Antipasto* oder Beilage sowie mit einigen Scheiben Brot als Snack.

Die Auberginen schälen und in 2 Zentimeter große Würfel schneiden. Sellerie in einem Topf mit ausreichend kochendem Salzwasser 1 bis 2 Minuten blanchieren, über einem Sieb abgießen und abtropfen lassen. Die Tomaten waschen, trocken tupfen und Sellerie und Tomaten ebenfalls in 2 Zentimeter große Stücke schneiden.

Das Öl in einer Pfanne erhitzen und die Auberginenwürfel darin in etwa 15 Minuten weich und leicht braun braten. Herausnehmen und beiseitestellen.

Sellerie, Tomaten, Kapern und Oliven in derselben Pfanne in 8 bis 9 Minuten weich braten. Auberginenwürfel, Zucker und Essig hinzufügen und alles nach Geschmack mit Salz und Pfeffer würzen. Unter Rühren einige Minuten köcheln lassen, bis der Essig einreduziert ist. Die *Caponata* heiß oder kalt servieren.

FÜR 4–6 PERSONEN

—4 große Auberginen
—3 Stangen Sellerie
—4 reife Tomaten
—6 EL natives Olivenöl extra
—2 EL gesalzene Kapern, gewässert (siehe Seite 75)
—200 g entsteinte grüne Oliven
—1 EL Zucker
—2 EL Weißweinessig
—Salz
—frisch gemahlener Pfeffer

MELANZANE SOTT'ACETO
Eingelegte Auberginen

Die Küche des italienischen Südens ist berühmt für das herrliche Gemüse, das hier angebaut wird. In der Saison gibt es dort beispielsweise so viele Auberginen, dass man sehr einfallsreich sein muss, um sie zu verbrauchen. Für ihre Zubereitung gibt es zwar unendlich viele Möglichkeiten, doch ich kenne keinen Apulier oder Kalabrier, der dieses *Antipasto* nicht kennt.

Wenn Sie möchten, können Sie für eine interessante pikante Note auch einige Chilischoten dazugeben. Achten Sie jedoch darauf, diese – wie die Auberginen und den Knoblauch – ausreichend zu garen und sie ebenso einzulegen.

- 2 kg Auberginen, geschält
- 1 ½ l Weißweinessig
- 4–6 große Knoblauchzehen, geschält
- Salz
- etwas natives Olivenöl extra zum Auffüllen
- 1 EL getrockneter Oregano
- einige gesalzene Kapern, gewässert (siehe Seite 75) und fein gehackt

Die Auberginen längs in 3 Zentimeter dicke Scheiben und die Scheiben wiederum in 3 Zentimeter dicke Streifen schneiden.

Den Essig und dieselbe Menge Wasser in einen großen Topf geben. Auberginen, Knoblauch und 10 Gramm Salz hinzufügen. Alles aufkochen und etwa 8 Minuten köcheln lassen. (Die Auberginenstreifen sollten noch bissfest sein.) Über einem Sieb abgießen, abtropfen und abkühlen lassen. Den Knoblauch beiseitestellen.

Die Auberginenstreifen leicht ausdrücken, um die überschüssige Flüssigkeit zu entfernen, und in eine Schüssel geben. So viel Öl dazugeben, dass sie gerade damit bedeckt sind, und mit Oregano und Kapern mischen.

Das Gemüse mit dem Knoblauch in sterilisierte Einmachgläser füllen (siehe Seite 76) und mit Olivenöl bedecken. Die eingelegten Auberginen lassen sich eine Zeit lang aufbewahren.

ERGIBT 4 GLÄSER À 400 GRAMM

Strauch- und Baumfrüchte

POLPETTE DI CARNE E MELANZANE
Auberginen-Hackfleisch-Bällchen

Jedes Mal, wenn meine Mutter früher *Polpette di carne e melanzane* machte, lungerten viele hungrige Kinder in der Küche herum. Diese kleinen frittierten Bällchen sind einfach, aber gut!

Die Auberginen in einem Topf mit ausreichend leicht gesalzenem Wasser 10 bis 15 Minuten kochen. (Sie sollten noch bissfest sein). Über einem Sieb abgießen, abtropfen und abkühlen lassen. Überschüssige Flüssigkeit ausdrücken. Die Auberginen fein hacken.

Mit Hackfleisch, Parmesan, Eiern, Knoblauch, Brot und Petersilie mischen. Nach Geschmack mit Salz, Pfeffer und Muskat würzen.

Aus der Mischung 24 kleine Bällchen formen und etwas flach drücken. Die Bällchen im heißen Olivenöl auf beiden Seiten goldbraun braten. Auf Küchenpapier abtropfen lassen und im Ofen bei niedriger Temperatur bis zum Servieren warm halten.

Entweder als Snack oder mit einem Salat als leichtes Mittagessen heiß servieren.

ERGIBT 24 STÜCK

—1 kg Auberginen, geviertelt
—Salz
—500 g Kalbshackfleisch
—40 g frisch geriebener Parmesan
—2 große Eier, verquirlt
—1 große Knoblauchzehe, geschält und in sehr kleine Würfel geschnitten
—4 EL fein geriebenes frisches Weißbrot
—2 EL frische glatte Petersilie, fein gehackt
—frisch gemahlener Pfeffer
—frisch geriebene Muskatnuss
—etwas Olivenöl zum Braten

AVOCADO PERA E GAMBERETTI
Gefüllte Avocado mit Garnelen

Bei meinem ersten Besuch in London 1975 war ich vom italienischen Essen, das man mir vorsetzte, äußerst überrascht. Viele Gerichte waren mir gänzlich unbekannt. Sie existierten in Italien gar nicht, wurden aber von und für die Londoner Bevölkerung adaptiert. In fast jedem Restaurant gab es *Avocado e gamberetti*. Auch heute noch gibt es einige Nostalgiker, die das Gericht gern wieder auf der Speisekarte sehen würden … Hier kommt es also!

Die Avocado schälen, halbieren und entsteinen. Wird sie nicht sofort weiterverarbeitet, die Schnittflächen mit Zitronensaft bestreichen.

Die Garnelen mit Mayonnaise und Tomaten mischen und nach Geschmack mit Salz und Pfeffer würzen. Die Avocadohälften damit füllen.

Den Romanasalat auf vier Teller verteilen und je eine Avocadohälfte darauf anrichten. Mit *Grissini* servieren.

FÜR 4 PERSONEN

—2 große reife Avocados
—ggf. etwas Zitronensaft
—1 Salatherz Romanasalat, in feine Streifen geschnitten

FÜLLUNG
—120 g Garnelen, geschält und gekocht
—6 EL Mayonnaise, vorzugsweise selbst gemacht (siehe Seite 117)
—1 EL passierte Tomaten
—Salz
—frisch gemahlener Pfeffer

FRITTATA DI PEPERONI E MANDORLE
Paprika-Frittata mit Mandeln

Ein einfaches Gericht wie eine *Frittata* kann, je nach Art der Zubereitung, entweder langweilig oder auch ganz köstlich sein. Diese Version basiert auf gebratenen Paprikaschoten nach apulischer Art und kann als Beilage, Vorspeise oder – zusammen mit einem guten Salat – auch als Hauptgang serviert werden.

Die Paprikaschoten waschen, längs halbieren, entkernen und das Fruchtfleisch in Streifen schneiden. Etwa die Hälfte des Olivenöls in einer 25 Zentimeter großen Pfanne mit hohem Rand erhitzen und die Paprikastreifen darin braten, bis sie weich sind und zu karamellisieren beginnen. Etwa nach der Hälfte der Garzeit den Knoblauch dazugeben und gelegentlich umrühren. Mandeln, Zucker und Essig hinzufügen und mit Salz und Pfeffer würzen. Etwa 1 Minute unter Rühren braten, bis der Essig leicht einreduziert ist.

Die Eier in einer großen Schüssel schaumig schlagen, den Parmesan und etwas Salz dazugeben und alles vermischen.

Etwas mehr Olivenöl in die Pfanne geben, die Eiermischung hineingeben und auf einer Seite in etwa 10 Minuten sanft goldbraun braten. Die *Frittata* dabei hin und wieder mit einem Spatel vom Pfannenrand ablösen, damit etwas von der flüssigen Mischung an den Pfannenboden gelangt und fest wird. Sobald die gesamte Eiermasse fest und keine Flüssigkeit mehr vorhanden ist, die Frittata wenden. Dafür einen Teller daraufsetzen, die Pfanne wenden, das restliche Öl in die Pfanne geben und die Frittata vom Teller zurück in die Pfanne gleiten lassen. Die Frittata auf der Unterseite in 5 bis 6 Minuten goldbraun braten.

In Stücke schneiden und heiß oder kalt servieren.

FÜR 4–6 PERSONEN

—3 große rote oder gelbe
  Paprikaschoten
—6 EL natives Olivenöl extra
—2 Knoblauchzehen, geschält und
  in dünne Scheiben geschnitten
—50 g Mandelblättchen
—1 EL Zucker
—2 EL Weißweinessig
—Salz
—frisch gemahlener Pfeffer
—10 mittelgroße Eier
—50 g frisch geriebener Parmesan

Strauch- und Baumfrüchte

PEPERONI AL FORNO CON BAGNA CAUDA
Gebratene Paprika mit Anchovissauce

Paprikaschoten und Anchovis sind wichtige Zutaten der piemontesischen Küche. Die *Bagna cauda* wird traditionell als warmer Dip zu rohem Gemüse serviert und entweder auf mehrere kleine Schälchen verteilt oder in der Mitte des Tisches platziert. In diesem Rezept wird er auf eine etwas andere Art serviert. Ich habe ihn auch ein wenig milder gemacht, wodurch er perfekt mit der Paprika harmoniert. Beides zusammen ergibt ein hervorragendes *Antipasto*.

Für die Originalversion der *Bagna cauda* – die um einiges kräftiger ist – Butter und Öl erhitzen und Knoblauch und Anchovis darin braten.

Backofen auf 200 °C vorheizen.

Ein Backblech mit Alufolie auslegen. Die Paprikaschoten darauf verteilen, mit etwas Olivenöl beträufeln und im vorgeheizten Backofen 15 bis 20 Minuten backen.

Für die *Bagna cauda* Butter, Knoblauch und Milch in einem kleinen Topf köcheln lassen, bis der Knoblauch sehr weich ist. Den Knoblauch mit einer Gabel zu einer Paste zerdrücken und alles gut mischen. Die Anchovisfilets dazugeben und alles langsam weitergaren, bis die Anchovisfilets zerfallen. Bei Bedarf mit einer Gabel zerdrücken, sodass eine relativ glatte Sauce entsteht.

Je 1 Esslöffel Sauce in die Paprikahälften geben und noch heiß servieren.

FÜR 4 PERSONEN

—4 große rote oder gelbe fleischige Paprikaschoten, geviertelt und entkernt
—etwas natives Olivenöl extra

BAGNA CAUDA
—50 g Butter
—6 Knoblauchzehen, geschält
—200 ml Milch
—10 Anchovisfilets in Öl, abgetropft

INSALATA DI PEPERONI ARROSTITI
Salat aus gegrillten Paprikaschoten

Dieses Rezept, das im gesamten italienischen Süden und inzwischen auch weltweit verbreitet ist, gehört zu meinen absoluten Favoriten. Als ich als junger Mann noch bei meinen Eltern lebte, habe ich mich immer gefreut, wenn ich nachts spät nach Hause kam und noch etwas Paprikasalat übrig war, den ich mir dann als köstliches Mitternachtsmahl schmecken ließ.

Einen Holzkohlengrill anheizen oder den Backofen auf 220 °C vorheizen. Die Paprikaschoten auf dem Grill oder im vorgeheizten Backofen rösten. Wird die Schale dunkel, die Paprikaschoten vom Grill oder aus dem Ofen nehmen und abkühlen lassen. Die Paprikaschoten häuten, halbieren und entkernen, dabei den austretenden Saft auffangen. Das Fruchtfleisch in ca. 2,5 Zentimeter lange Streifen schneiden.

Paprikaschoten und -saft mit Knoblauch oder Knoblauchöl, Salz, Petersilie und Olivenöl mischen. Den Salat einige Stunden durchziehen lassen und als *Antipasto* servieren.

FÜR 4 PERSONEN

- 2 rote Paprikaschoten
- 2 gelbe Paprikaschoten
- 1 Knoblauchzehe, geschält und grob in Scheiben geschnitten, oder 1 TL Knoblauchöl
- Meersalz
- 1 EL frische glatte Petersilie, grob gehackt
- 4 EL natives Olivenöl extra

FRIARIELLI IN PADELLA
Gebratene grüne Paprikaschoten

Der Begriff *Friarielli* hat schon oft für Verwirrung gesorgt: In Neapel bezeichnet er die zarten Spitzen des Stängelkohls, in anderen Teilen des Südens werden so die kleinen grünen Paprikaschoten genannt, die im restlichen Europa eher unter dem Namen *Pimientos de Padrón* bekannt sind. Diese Paprikaschoten, die ursprünglich aus der Gegend um Padrón in der spanischen Region Galizien stammen, sind mild und aromatisch.

Man isst sie gebraten – entweder als Beilage oder als Snack zu einem Drink. Achten Sie aber darauf, dass Sie wirklich milde Paprikaschoten verwenden und keine Chilischoten!

Die Paprikaschoten waschen und trocken tupfen. Das Öl in einer Pfanne erhitzen, die Paprikaschoten hineingeben und bei mittlerer Hitze auf beiden Seiten leicht goldbraun braten.

Den Knoblauch dazugeben und kurz mitbraten. Die Kirschtomatenhälften und das Basilikum ebenfalls dazugeben. Zum Schluss salzen.

Die Paprikaschoten werden, vom Stielansatz abgesehen, im Ganzen, also einschließlich der Samenkerne, gegessen.

FÜR 4 PERSONEN

—425 g kleine grüne Paprikaschoten (*Pimientos de Padrón*)
—2 EL natives Olivenöl extra
—2 Knoblauchzehen, geschält und in dünne Scheiben geschnitten
—3 Kirschtomaten, halbiert
—einige frische Basilikumblätter, klein gezupft
—Salz

SPAGHETTI ARRABBIATA CON 'NDUJA
Spaghetti mit 'Nduja

'Nduja ist eine superscharfe, weiche, streichfähige Salami aus Chilischoten und Schweinefleisch. Man kann sie beispielsweise auf *Crostini* (belegtes geröstetes Landbrot) streichen oder für verschiedene Gerichte zum Würzen verwenden. Diese Spezialität aus Kalabrien schmeckt köstlich in einer scharfen *Arrabbiata*-Sauce, die ich hier mit Spaghetti serviere.

Für die Sauce das Öl in einem großen Topf erhitzen und den Knoblauch darin etwa 5 Minuten leicht anbraten. Tomaten und *'Nduja* hinzufügen und alles etwa noch weitere 20 Minuten sanft köcheln lassen.

Die Spaghetti in einem Topf mit ausreichend kochendem Salzwasser in etwa 7 Minuten *al dente* garen.

Die Pasta über einem Sieb abgießen, abtropfen lassen und mit der Sauce mischen. Mit Salz und Pfeffer würzen. Auf vorgewärmte Teller verteilen und mit dem Pecorino bestreut servieren.

FÜR 4 PERSONEN

—350 g Spaghetti
—Salz
—frisch gemahlener Pfeffer
—50 g frisch geriebener Pecorino

SAUCE
—6 EL natives Olivenöl extra
—1 Knoblauchzehe, geschält und
   fein gewürfelt
—1 Dose stückige Tomaten (400 g)
—50 g *'Nduja*

Strauch– und Baumfrüchte

PEPERONI FARCITI
Gefüllte Paprikaschoten
Seite 175

PEPERONI FARCITI
Gefüllte Paprikaschoten

Für dieses Gericht verwende ich aufgrund ihrer Zartheit und des süßen Geschmacks nur rote oder gelbe Paprikaschoten. Grüne Paprikaschoten schmecken nach dem Braten etwas fettig, wie ich finde, und ich verwende sie lieber für andere Rezepte. In der Region Piemont veranstaltet man in Carmagnola jedes Jahr ein großes Paprikafest. Im Jahr 2010 kam die Stadt mit der größten *Peperonata* aller Zeiten ins *Guinnessbuch der Rekorde* …

Auf dieselbe Weise lassen sich auch Auberginen zubereiten. Dazu drei mittelgroße Auberginen waschen, trocken tupfen und längs halbieren. Etwas Fruchtfleisch aus der Mitte herausschaben und in etwas Olivenöl weich braten. Das Fruchtfleisch mit der unten beschriebenen Füllung mischen, die Auberginenhälften damit füllen und im Ofen braten.

Backofen auf 180 °C vorheizen.

Die Paprikaschoten waschen, trocken tupfen, längs halbieren und entkernen.

Das Brot in einer Schüssel mit Wasser bedecken, kurz einweichen lassen und das überschüssige Wasser ausdrücken. Brot, Kapern, Oliven, Tomaten, Knoblauch, Petersilie, Anchovis und die Hälfte des Olivenöls mischen. Mit Salz und Pfeffer würzen und alles gut mischen. Die Füllung auf die Paprikahälften verteilen.

Die Paprikaschoten auf ein mit Backpapier belegtes Backblech legen und mit dem restlichen Öl beträufeln. Im vorgeheizten Backofen etwa 30 Minuten backen, bis die Paprikaschoten an den Rändern anbräunen und die Füllung goldbraun und knusprig ist. Das Gericht schmeckt heiß oder kalt serviert.

FÜR 6 PERSONEN

—3 große gelbe oder rote
  Paprikaschoten

FÜLLUNG
—250 g fein geriebenes frisches
  Weißbrot oder gewürfeltes Toastbrot
—1 EL gesalzene Kapern, gewässert
  (siehe Seite 75)
—1 EL entsteinte schwarze Oliven,
  fein gehackt
—3 große Tomaten, gehäutet, entkernt
  und fein gewürfelt
—1 Knoblauchzehe, geschält und fein
  gewürfelt
—2 EL frische glatte Petersilie, gehackt
—4 Anchovisfilets in Öl, abgetropft
  und fein gehackt
—125 ml natives Olivenöl extra
—Salz
—frisch gemahlener Pfeffer

Strauch– und Baumfrüchte

SOFFRITTO DI MAIALE
Innereien-Eintopf

Der Winter war in unserer Familie kaum weniger aufregend als der Rest des Jahres, zumindest was das Essen anging. Meine Mutter schüttelte stets etwas aus dem Ärmel, um die Familie satt und zufrieden zu machen. Ende November stand auf dem örtlichen Bauernhof alljährlich das Schlachten der Schweine an. Wir erhielten dabei jedes Mal eine Schüssel mit Innereien, die entweder frisch zubereitet oder eingefroren und nach dem Auftauen zu verschiedensten Spezialitäten verarbeitet wurden.

Die Innereien säubern. Leber, Nieren und Lunge oder Kalbsbries in kleine Stücke schneiden.

Schmalz oder Öl in einem großen Topf erhitzen und Zwiebel, Knoblauch und Chilischoten darin 5 bis 10 Minuten anbraten. Alle Innereien (eventuell portionsweise) dazugeben und in etwa 5 Minuten von beiden Seiten anbräunen. Passierte Tomaten, Lorbeerblätter und 400 Milliliter Wasser hinzufügen. Alles zugedeckt etwa 2 Stunden unter gelegentlichem Rühren sanft köcheln lassen. Bei Bedarf etwas mehr Wasser dazugeben.

Wenn die Innereien gar sind, den Eintopf mit Salz und Pfeffer abschmecken. Entweder sofort auf dicken, getoasteten Landbrotscheiben servieren oder abkühlen lassen und portionsweise einfrieren. Zum Auftauen die entsprechende Menge mit etwas Brühe in einen kleinen Topf geben, erhitzen und – wie oben beschrieben – mit Landbrot servieren.

FÜR 4 PERSONEN

—1 kg Schweineleber
—3 Schweinenieren
—400 g Schweinelunge oder Kalbsbries
—200 g Schweineschmalz oder 200 ml Olivenöl
—1 Zwiebel, geschält und fein gewürfelt
—2 Knoblauchzehen, geschält und zerdrückt
—2 scharfe Chilischoten, entkernt und gewürfelt
—1 Glas passierte Tomaten (300 g)
—8 frische Lorbeerblätter
—Salz
—frisch gemahlener Pfeffer
—ggf. etwas Brühe

Strauch- und Baumfrüchte

OLIVE ALL'ASCOLANA
Gefüllte Oliven nach Ascoli-Art

Die Marken, eine Region an der Adriaküste zwischen der Emilia-Romagna und den Abruzzen, sind berühmt für ihre Köche, ihr Essen und ihre Weine. Zu den Spezialitäten, die dort auf der Karte stehen, gehört das einzigartige Gericht *Olive all'ascolana* – große Oliven, entsteint, gefüllt, paniert und frittiert, die zum Aperitif oder als Fingerfood auf Partys stets willkommen sind.

Für die Füllung die Butter in einer großen Pfanne erhitzen. Beide Fleischsorten darin einige Minuten anbraten und Zitronenschale sowie Muskat hinzufügen. Sobald das Fleisch zu bräunen beginnt, Wein und Tomaten dazugeben und nach Geschmack mit Salz und Pfeffer würzen. Alles 30 bis 40 Minuten sanft köcheln und abkühlen lassen.

Salami, Mortadella, nach Belieben Trüffel, Petersilie, Parmesan und Ei dazugeben und alles gut mischen. Die Masse im Standmixer zu einer nicht allzu glatten Paste verarbeiten.

Mit einem scharfen gekrümmten Messer die Oliven spiralförmig vom Stein schneiden, sodass sie sich in einem einzigen Streifen auseinanderziehen lassen. Jeweils etwas Füllung in die Mitte der Oliven setzen und die Oliven um die Füllung herum wieder zusammensetzen.

Das Mehl in einen tiefen Teller geben, das verquirlte Ei in einen zweiten und das Brot in einen dritten. Die gefüllten Oliven erst im Mehl, dann im verquirltem Ei und zum Schluss im Brot wenden.

Etwas Olivenöl in einem kleinen Topf erhitzen, bis es die richtige Temperatur erreicht hat (siehe Seite 154), und die Oliven darin portionsweise goldbraun frittieren. Die Oliven auf Küchenpapier abtropfen lassen und entweder heiß – mit etwas Zitronensaft beträufelt – oder kalt servieren.

ERGIBT 30 STÜCK

—30 sehr große grüne Oliven
—etwas Mehl zum Bestäuben
—3 mittelgroße Eier, verquirlt
—etwas fein geriebenes frisches Weißbrot
—etwas Olivenöl zum Frittieren
—ggf. etwas Zitronensaft zum Beträufeln

FÜLLUNG
—50 g Butter
—150 g mageres Schweinehackfleisch
—150 g Rinderhackfleisch
—fein abgeriebene Schale von ½ unbehandelten Zitrone
—frisch geriebene Muskatnuss
—75 ml trockener Weißwein
—1 TL passierte Tomaten
—Salz
—frisch gemahlener Pfeffer
—50 g Salami, sehr fein gewürfelt
—30 g Mortadella, sehr fein gewürfelt
—20 g schwarze Trüffel, in feine Späne gehobelt (nach Belieben)
—2 EL frische glatte Petersilie, gehackt
—30 g frisch geriebener Parmesan
—1 mittelgroßes Ei, verquirlt

FRITTELLE DI POMODORI SECCHI
Getrocknete-Tomaten-Fritters

Getrocknete Tomaten haben einen deutlich intensiveren Geschmack als frische. Sie werden meist in *Antipasti*, als Gemüse-Pickles, als Snack oder als Aromazutat in Suppen und Saucen verwendet. Ich mache daraus Fritters und serviere sie zu einem Drink – das Ergebnis ist einfach herrlich!

Für den Ausbackteig Eier und Mehl in einer Schüssel vermischen.

Das Olivenöl in einer Pfanne erhitzen. Die Tomatenhälften im Teig wenden und im heißen Olivenöl auf beiden Seiten in einigen Minuten goldbraun braten. Auf Küchenpapier abtropfen lassen und sofort servieren.

ERGIBT 24 STÜCK

—etwas Olivenöl zum Braten
—24 getrocknete Tomatenhälften, in Wasser eingeweicht oder in Öl eingelegt (oder weichere halbgetrocknete Tomaten)

AUSBACKTEIG
—3 mittelgroße Eier, verquirlt
—3 EL Mehl

SALSA BASE DI POMODORO
Grundrezept Tomatensauce

Auf italienischen Märkten werden in der Saison reife Tomaten speziell für die Zubereitung von Saucen angeboten. Diese sogenannten *Pomodori da sugo* stammen jeweils aus regionalem Anbau und sind frisch gepflückt. Sie stecken voller Nährstoffe und Vitamine, und da sie natürlich gereift sind, enthalten sie kaum Säure und sind daher ideal für eine Tomatensauce. Dieses Grundrezept wird für die verschiedensten Zwecke verwendet – etwa für *Ragù*, Pasta, Suppen oder Kartoffelgerichte. Ich persönlich serviere sie gerne einfach mit *Spaghettini*, nur mit ein paar Basilikumblättern bestreut.

Das Öl in einem großen Topf erhitzen und Knoblauch oder Zwiebel darin in 8 bis 10 Minuten weich braten. Tomaten und Basilikum hinzufügen und nach Geschmack mit Salz und Pfeffer würzen. Die Sauce je nach Geschmack – mindestens jedoch 20 Minuten – sanft köcheln lassen.

Nach Belieben verwenden.

ERGIBT CA. 700 GRAMM

- 4 EL natives Olivenöl extra
- 2 Knoblauchzehen oder 1 kleine Zwiebel, geschält und fein gewürfelt
- 1 kg sehr reife Tomaten, grob gewürfelt, oder 2 Dosen stückige Tomaten (à 400 g)
- 2 EL frische Basilikumblätter, klein gezupft
- Salz, frisch gemahlener Pfeffer

Dieses Rezept entstand, nachdem ein Freund mir erzählte, sein Garten sei gegen Ende der Saison übervoll mit grünen Tomaten, für die er keine Verwendung hatte. Er überließ sie mir, und ich beschloss, sie weder einzulegen, noch Fritters daraus zu machen, sondern eine süße Marmelade. Sie ist wirklich köstlich!

Die richtige Konsistenz testen Sie mit einer Gelierprobe: Hierzu drei kleine Teller ins Gefrierfach stellen. Um zu prüfen, ob die Marmelade fertig ist, den Topf nach dem Kochen vom Herd nehmen, 1 Teelöffel Marmelade auf einen gekühlten Teller geben und 1 Minute fest werden lassen. Bilden sich bei leichtem Darüberstreichen mit dem Finger Falten, ist die Marmelade fertig. Ist sie hingegen noch flüssig, die Marmelade weiterkochen und die Gelierprobe einige Minuten später wiederholen.

Tomaten waschen, trocken tupfen, putzen, in kleine Würfel schneiden und zusammen mit 2 bis 3 Esslöffeln Wasser in einen großen Topf geben. Alles langsam zum Kochen bringen und bei sehr geringer Hitze 20 bis 30 Minuten köcheln lassen.

Die Schale der Zitronen fein abreiben und den Saft auspressen. Die Kerne in ein kleines Stoffsäckchen geben und das Säckchen mit Garn zubinden. Zitronenschale, -saft und das Säckchen mit den Kernen zu den Tomaten geben. Gewürze, Salz und 2 bis 3 Esslöffel Wasser hinzufügen. Gut umrühren, den Zucker dazugeben und die Mischung weiter bei geringer Hitze köcheln lassen, bis sich der Zucker aufgelöst hat. Unter gelegentlichem Rühren einkochen lassen, bis sich das Volumen um ein Drittel reduziert hat. Säckchen herausnehmen.

Nach erfolgreicher Gelierprobe (siehe oben) die Marmelade in sterilisierte Gläser füllen (siehe Seite 76), die Gläser luftdicht verschließen und an einem kühlen Ort aufbewahren.

ERGIBT CA. 2 KILOGRAMM

—2 kg grüne Tomaten
—3 unbehandelte Zitronen
—1 TL Zimtpulver
—½ TL frisch geriebene Muskatnuss
—½ TL Gewürznelkenpulver
—1 Prise Salz
—2 kg Gelierzucker

GRANDE PASTICCIO
Großer Lamm-Auflauf

Dies ist die italienische Version einer griechischen *Moussaka* – eine Variante aus der süditalienischen Region Apulien, wo ein Teil der Bevölkerung noch Griechisch spricht und die kulinarische Tradition noch an die alten Wurzeln erinnert. Das Gericht ist ein Vorläufer der sizilianischen *Parmigiana di melanzane*.

Öl in einer Pfanne erhitzen. Kartoffel-, Auberginen- und Zucchinischeiben portionsweise darin braten, bis sie beinahe durchgegart sind, und auf Küchenpapier abtropfen lassen.

Für die *Ragù*-Füllung Olivenöl in einer großen Pfanne erhitzen und den Knoblauch darin 1 bis 2 Minuten anbraten. Das Hackfleisch hineingeben und unter kräftigem Rühren anbräunen. Wenn es gleichmäßig gebräunt ist, Tomaten, Lorbeerblätter und Zimt dazugeben und unter Rühren einige Minuten mitbraten. Mit Salz und reichlich Pfeffer würzen und alles zugedeckt etwa 30 Minuten schmoren lassen.

Backofen auf 200 °C vorheizen.

Für die Béchamelsauce die Butter in einer Pfanne zerlassen und das Mehl darin unter Rühren anschwitzen. Nach und nach etwas Milch dazugießen und weiter umrühren, bis die gesamte Milch aufgebraucht und die Sauce schön glatt ist. Mit Salz und Pfeffer abschmecken und abkühlen lassen.

Eine ofenfeste Form mit Olivenöl einfetten. Mit einer Schicht Kartoffelscheiben auslegen und etwas *Ragù* darauf verteilen. Eine Schicht Auberginen und wieder etwas *Ragù* darübergeben. Zucchinischeiben und restliches *Ragù* daraufgeben. Zum Schluss die Béchamelsauce darübergießen und glatt streichen. Mit geriebenem Käse bestreuen und im vorgeheizten Backofen etwa 30 Minuten backen. Den Auflauf vor dem Servieren kurz abkühlen lassen. Dazu passt ein grüner Salat.

FÜR MINDESTENS 8 PERSONEN

—Olivenöl zum Frittieren und etwas Olivenöl für die Form
—2 große Kartoffeln, geschält und in dicke Scheiben geschnitten
—2 große Auberginen, in dicke Scheiben geschnitten
—2 große Zucchini, in dicke Scheiben geschnitten
—200 g geriebener Gruyère

FÜLLUNG
—6 EL natives Olivenöl extra
—4–5 Knoblauchzehen, geschält und fein gewürfelt
—2 kg mageres Lammhackfleisch
—600 g Tomaten, grob gewürfelt
—2 Lorbeerblätter
—1 Prise Zimt
—Salz
—frisch gemahlener Pfeffer

BÉCHAMELSAUCE
—200 g Butter
—150 g Mehl
—2 l Milch
—Salz
—frisch gemahlener Pfeffer

POMODORI FARCITI
Gefüllte Tomaten

Tomaten sind, neben anderem gefülltem Gemüse (siehe Seiten 133, 159 und 175), im Sommer ein absolutes Muss. Manchmal werden sie mit Reis und Minze gefüllt, aber ich mag sie am allerliebsten mit geriebenem Weißbrot.

Backofen auf 200 °C vorheizen.

Von jeder Tomate einen Deckel abschneiden und beiseitelegen. Die Tomaten aushöhlen, Fruchtfleisch und Samen in eine Schüssel geben. Das Fruchtfleisch mit Brot, Minze, Knoblauch, Kapern und Olivenöl mischen. Mit Salz und Pfeffer abschmecken.

Die Tomaten mit der Mischung füllen und auf ein mit Backpapier belegtes Backblech setzen. Die Deckel wieder aufsetzen. Mit etwas Olivenöl beträufeln und im vorgeheizten Backofen 25 bis 30 Minuten braten. Heiß oder kalt servieren.

FÜR 4 PERSONEN

—4 sehr große reife Tomaten

FÜLLUNG
—100 g fein geriebenes frisches Weißbrot
—2 EL frische Minze, gehackt
—2 Knoblauchzehen, geschält und sehr fein gewürfelt
—1 EL gesalzene Kapern, gewässert (siehe Seite 75)
—3 EL natives Olivenöl extra und etwas Olivenöl zum Beträufeln
—Salz
—frisch gemahlener Pfeffer

PANZANELLA
Tomaten-Brot-Salat

Für dieses sommerliche Gericht braucht man nur etwas altbackenes Brot und einige frische Zutaten. Die *Panzanella* ist eine schnelle, frische und vollwertige Vorspeise oder ein leckerer Snack, bei dem Tomaten die Hauptrolle spielen.

Das Brot in eine Schüssel geben und einige Minuten in etwas Wasser einweichen. Grob zerkleinern und überschüssiges Wasser aus der Schüssel abgießen.

Die Tomaten samt Saft, Sellerie, Zwiebel, Paprika, Oliven und Basilikum hinzufügen. Alles gut mischen. Öl, Essig und Knoblauch dazugeben und nach Geschmack mit Salz und Pfeffer abschmecken.

Erneut mischen und den Salat auf Teller verteilen. Mit gewaschenem, trocken geschütteltem Basilikum garniert servieren.

FÜR MINDESTENS 4 PERSONEN

— 500 g Weiß- oder Graubrot vom Vortag, im Ofen goldbraun geröstet
— 600 g reife Tomaten, in kleine Stücke geschnitten (den Saft auffangen)
— 50 g Stangensellerie, fein gewürfelt
— 1 kleine Zwiebel, geschält und in dünne Scheiben geschnitten
— 1 grüne Paprikaschote, entkernt und in feine Streifen geschnitten
— einige entsteinte schwarze Oliven
— 2 EL frisches Basilikum, gehackt, und einige Stängel Basilikum zum Garnieren
— 6 EL natives Olivenöl extra
— 1 EL Weißweinessig
— 1 kleine Knoblauchzehe, geschält und zerdrückt
— Salz
— frisch gemahlener Pfeffer

HÜLSENFRÜCHTE UND GETREIDE

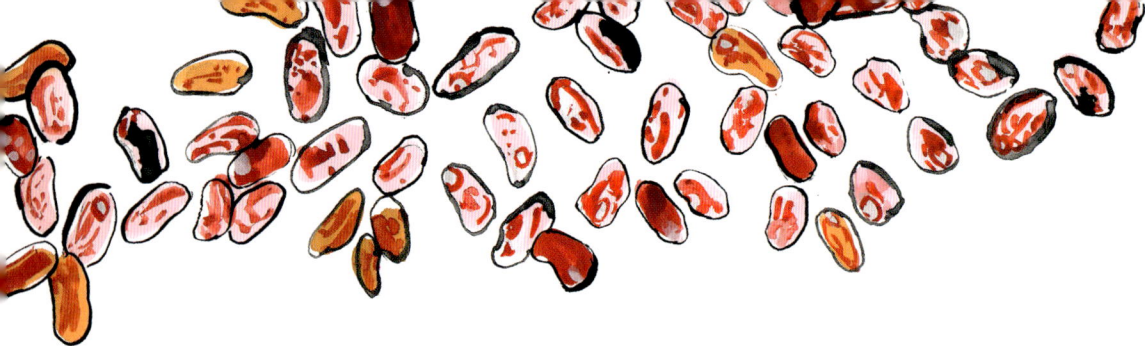

Über Schoten und Samen hatten wir bereits gesprochen, und in diesem Abschnitt geht es erneut um Samenkörner, allerdings um diejenigen, die eher getrocknet als frisch verwendet werden. Sowohl Hülsenfrüchte als auch Getreide bringen Samen hervor, die Menschen und Tieren als Nahrung dienen. Beide Pflanzengruppen gehören zu den wichtigsten Grundnahrungsmitteln der menschlichen Ernährung und lassen sich folgendermaßen unterteilen: Die erste Gruppe sind Getreidekörner (Zerealien) wie Weizen und Roggen (die zur Familie der Süßgräser gehören). Die zweite Gruppe bilden Pseudogetreide wie etwa Buchweizen, bei denen keine echte Verwandtschaft zu Weizen oder anderen Zerealien besteht. Die Leguminosen oder Hülsenfrüchte wie Bohnen und Erbsen machen die dritte Gruppe aus, und die vierte Untergruppierung sind Ölsamen, also Samen wie zum Beispiel Raps, die vor allem zur Ölgewinnung gezüchtet werden.

Hülsenfrüchte und Getreide gehören zu den ältesten bekannten Nahrungsmitteln. Bereits um 9000 v. Chr. wurden sie im »fruchtbaren Halbmond« zwischen Euphrat und Tigris im Nahen Osten angebaut, wie Höhlenmalereien, archäologische Funde und Grabbeigaben eindrucksvoll belegen. Da der Getreideanbau eine regelmäßige Pflege und Ernte erfordert, führte er vermutlich zur Gründung der ersten Siedlungen und somit zum Übergang von einer Gemeinschaft von Jägern und Sammlern zur sesshaften Lebensweise mit Ackerbau und Viehzucht. Um es anders auszudrücken: Am Anfang unserer Zivilisation steht der Anbau von Getreide. Frische Getreidekörner oder Hülsenfrüchte ließen sich auch trocknen und den Winter hindurch lagern. So boten sie Nahrung, wenn frische Zutaten knapp oder nicht vorhanden waren. Außerdem konnte man sie leicht transportieren, weshalb sie vermutlich zu den wertvollsten aller Lebensmittel zählten.

Ein weiterer Aspekt, der ihren Wert ausmacht, ist die Tatsache, dass sie extrem nährstoffreich sind. Getreide, Hülsenfrüchte und Ölsamen stecken voller Energie und Nährstoffe (hauptsächlich in Form von Kohlenhydraten), die für die nächste Pflanzengeneration dienen sollen, auch deshalb wurden sie die Hauptnahrungsquelle für einen Großteil der Weltbevölkerung. Obwohl Hülsenfrüchte sehr eiweißreich sind (und für Vegetarier Fleisch ersetzen können), liefern sie nicht alle Eiweißbestandteile, die der Körper benötigt. In Kombination mit Getreide erreicht man jedoch eine ausgewogene Ernährung.

HÜLSENFRÜCHTE

Die Hülsenfrüchte oder Leguminosen sind eine Pflanzengruppe, die Hülsen oder Schoten ausbildet, in denen sich Samenkerne befinden. Einige dieser Samen sind frisch und mitsamt Schote essbar, solange die Samen noch nicht reif sind (Stangenbohnen, Zuckererbsen), bei einigen isst man nur die frischen ausgelösten Samenkerne (Dicke Bohnen), und manche Samenkerne lässt man in der Schote reifen, um sie anschließend zu trocknen. Letzteres trifft auf die meisten Hülsenfrüchte zu, hierzu gehören neben getrockneten Bohnen aller Art auch Erbsen, Linsen und Kichererbsen. Bitte denken Sie beim Kochen getrockneter Hülsenfrüchte stets daran, dass Salz die Schalen hart und zäh macht. Hülsenfrüchte also grundsätzlich erst dann salzen, wenn sie vollständig durchgegart sind.

Getrocknete Bohnen (*Fagioli*) sind wahrscheinlich das Gemüse, das am häufigsten Blähungen hervorruft. Dennoch sind sie aufgrund ihres hohen Gehalts an Proteinen, Vitaminen, Mineralien und Ballaststoffen ein wichtiger Teil der italienischen Ernährung. Jede Region in Italien hat ihr eigenes Bohnengericht aus verschiedensten Bohnensorten, seien es *Cannellini-*, *Borlotti-* oder Dicke Bohnen.

Dicke Bohnen oder Ackerbohnen (*Fava*) werden frisch oder getrocknet verarbeitet. Aus getrockneten Dicke-Bohnen-Kernen wird (ohne die zähe Haut) in Sizilien ein Püree namens *Maccu* zubereitet. Ein ähnliches Püree gibt es in Apulien. Mit gedünsteten wilden Zichorien (siehe meine Variante auf Seite 207) ist es einfach köstlich.

Die übrigen Bohnensorten wurden nach der Entdeckung der Neuen Welt nach Italien und Europa eingeführt. Zur Familie der Gartenbohnen gehören zwei Sorten, die in Italien besonders beliebt sind: *Cannellini-* und *Borlotti*-Bohnen. Beide lassen sich zwar auch frisch verzehren, werden aber hauptsächlich getrocknet verwendet. Letztere sind eher im Norden, Erstere vor allem im Süden vertreten. ***Borlotti*-Bohnen** werden zusammen mit Kohlgemüse gerne zu nahrhaften Wintersuppen oder zum bekannten Gericht *Pasta e fagioli* (Bohnensuppe mit Nudeln) verarbeitet, das in ganz Italien beliebt ist. (*Borlotti*-Bohnen werden auch als *Saluggia*-Bohnen bezeichnet, nach der gleichnamigen Stadt im Piemont, wo sie in großen Mengen angebaut werden.) ***Cannellini*-Bohnen** gibt es oft in Dosen und Gläsern. Sie werden in verschiedensten Suppen, einschließlich *Minestrone*, und Salaten verwendet. Die Einwohner der Toskana kochen sie für ihre *Fagioli al fiasco* (Bohnen in der Flasche) in einer Glasflasche, und in Kampanien verwendet man sie für *Pasta e fasuli* (Pasta mit Bohnen).

Weitere Gartenbohnen sind die französischen *Flageolett*-Bohnen, die roten Kidney-Bohnen (die im texanischen *Chili con carne* verwendet werden) sowie Butter- oder Lima-Bohnen. Die meisten getrockneten Bohnenkerne müssen vor dem Kochen – entweder über Nacht oder mindestens 12 Stunden – eingeweicht werden. Nach dem Abgießen und Abspülen muss man die meisten Sorten etwa 10 Minuten sprudelnd

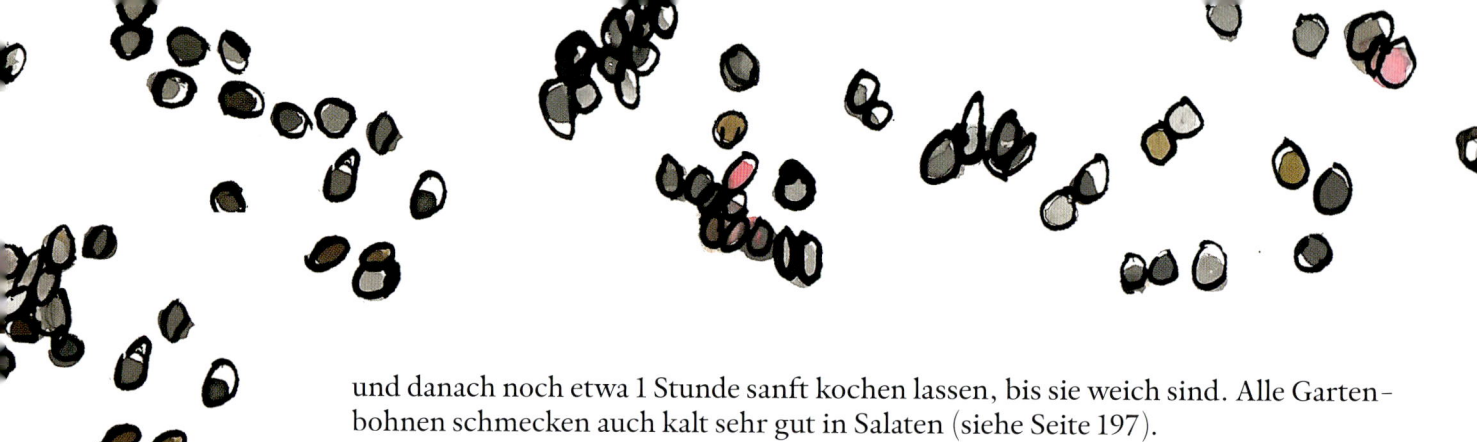

und danach noch etwa 1 Stunde sanft kochen lassen, bis sie weich sind. Alle Garten-bohnen schmecken auch kalt sehr gut in Salaten (siehe Seite 197).

Sojabohnen (*Fagioli di soia*) haben ihren Weg auf die westeuropäischen Speisekarten erst im 20. Jahrhundert gefunden. Ursprünglich stammen sie aus China, wo sie be-reits um das Jahr 1000 v. Chr. gezüchtet und gegessen wurden. Das Protein der Soja-bohnen ist so vollwertig, wie es ein pflanzliches Eiweiß nur sein kann. Sie enthalten beinahe ebenso viele Aminosäuren wie rotes Fleisch. Sojabohnen sind frisch (als *Edamame*-Bohnen), getrocknet, in der Dose oder tiefgekühlt erhältlich und gehören heute zu den wichtigsten Nutzpflanzen weltweit. Die getrockneten Bohnenkerne sollte man über Nacht einweichen. Anschließend etwa 30 Minuten sprudelnd kochen und danach noch einige Stunden leicht köcheln lassen, bis sie weich sind. Inzwischen finden sich zahlreiche Sojaprodukte im Handel, etwa Sojamehl, Sojaöl und *Tofu* als Fleischersatz. Außerdem werden Sojabohnen zu Soja- und *Tamari*-Saucen sowie *Miso*-Paste fermentiert, die in der japanischen Küche sehr beliebt ist. Italien ist aufgrund seiner günstigen klimatischen Bedingungen inzwischen zu einem Groß-produzenten von Sojabohnen aufgestiegen.

Erbsen (*Piselli*) dienen schon seit der Steinzeit als Nahrungsmittel, allerdings haupt-sächlich in getrockneter Form. Erst seit die Italiener im 16. Jahrhundert zartere Sorten entwickelten, schätzen wir sie auch frisch. In Italien essen wir sie aber auch gerne ge-trocknet, denn sie schmecken herrlich in einer Suppe mit etwas luftgetrocknetem Schinken (ähnlich wie die deutsche Erbsensuppe), Kartoffeln oder Spareribs. Gekocht und püriert sind sie eine köstliche Beilage zu Schweinebraten und anderen Fleischge-richten. Getrocknete Erbsen müssen vor dem Kochen eingeweicht werden.

Kichererbsen (*Cece*) stammen ursprünglich aus Indien, Südwestasien und dem Nahen und Mittleren Osten. Meist werden die Schoten, die zwei bis drei große Sa-menkerne enthalten, getrocknet. Nach dem Einweichen (8 bis 24 Stunden, je nach Alter) werden die Kichererbsen mindestens 3 Stunden gegart. *Pasta e ceci* ist ein Ge-richt aus Kichererbsen und Pasta, das in Norditalien sehr beliebt ist. In Sardinien, im Piemont und in Ligurien werden Kichererbsen auch zu Mehl verarbeitet, aus dem ein pfannkuchenartiges Fladenbrot namens *Farinata* oder *Faina* gebacken wird. In Sizilien gibt es die *Panelle*, die aussehen wie gebratene Polentascheiben, aber aus Kichererbsenmehl zubereitet werden. Ich verwende Kichererbsen auch manchmal für *Gnocchi*. Im Nahen und Mittleren Osten wird aus Kichererbsenpüree und der Sesampaste *Tahini* der beliebte Dip *Hummus* zubereitet.

Cicerchie, eine alte Hülsenfrucht, die an Kichererbsen erinnert, wird auch als Saat-Platterbse bezeichnet. Sie wird in Teilen Italiens genauso verwendet wie Kichererbsen. Allerdings enthält sie natürliche Giftstoffe und ist daher mit Vorsicht zu genießen.

Die **Linse** (*Lenticchia*) stammt aus Südostasien, wird aber im Mittelmeerraum seit mindestens 10.000 Jahren angebaut. Wie viele andere Hülsenfrüchte sind Linsen ein Wintergemüse und somit eine traditionelle Beilage zu jenen Fleischsorten, die typischerweise für den Winter haltbar gemacht wurden, wie Speck, Schinken und Wurst. Linsen mit Würstchen sind im Norden Italiens beliebt, und in der Emilia-Romagna werden Linsen klassischerweise zu gefüllten Schweinefüßen (*Zampone*) serviert.

Es gibt verschiedene Sorten: *Puy*-Linsen aus Frankreich, *Castelluccio*-Linsen aus Umbrien in Italien und rote Linsen sowie die ihnen ähnlichen Sorten aus Indien und anderen asiatischen Ländern, die meist als *Dhal* bezeichnet werden. *Castelluccio*-Linsen stammen aus biologischem Anbau und sind ebenso geschätzt wie teuer. Allerdings sind sie auch wirklich köstlich – sowohl heiß als auch kalt in Salaten. Eine weitere köstliche italienische Linsensorte ist die *Lenticchia di Altamura* aus Apulien. Anders als andere Hülsenfrüchte muss man Linsen nicht einweichen, dafür aber gründlich waschen, da sie oft sehr staubig sind und winzige Steinchen enthalten können.

GETREIDE

Das Wort »Zerealien« für Getreide ist abgeleitet von Ceres, der römischen Göttin des Ackerbaus. Der Begriff beschreibt sämtliche Körner – oder Samen – von domestizierten Süßgräsern und umfasst die Getreidekörner der Alten Welt wie Weizen, Gerste, Hirse, Hafer, Roggen und Reis (und oft auch Buchweizen, obwohl dieser nicht von einem Gras stammt) ebenso wie Mais und Quinoa aus der Neuen Welt.

Getreide, darunter **Weizen** (*Frumento* oder *Grano duro*) an erster Stelle, gehört zu den wichtigsten Grundnahrungsmitteln und ernährt einen Großteil der Weltbevölkerung. Es gab Zeiten, in denen Soldaten mit Salz und Getreide bezahlt wurden, das sie gegen andere Güter tauschen oder zu Brot backen konnten. Für die Italiener ist Getreide auch heute noch gleichbedeutend mit Brot – und vor allem Pasta. Die Grundvoraussetzung, um gute Pasta herzustellen, ist eine bestimmte Art von Weizen, die in Italien gedeiht, inzwischen aber auch aus anderen Ländern bezogen wird, da Italien seinen Bedarf nicht komplett aus eigenem Anbau decken kann. Dieser Weizen wird als Hart- oder Durum-Weizen (in Italien *Triticum durum* oder *Grano duro*) bezeichnet. Durum-Mehl benötigt man für die Pastaherstellung aufgrund seines hohen Glutengehalts, der dafür sorgt, dass die Pasta beim Trocknen nicht bricht und beim Kochen Textur und Geschmack erhält. Durum-Weizen wurde aus einer sehr alten Weizensorte namens Emmer (*T. dicoccum*) gezüchtet. Er ist in Italien als *Farro* bekannt, und seine Beliebheit führte zur Entwicklung einer weiteren Weizenart, dem Dinkel (*T. spelta*). Einkorn (*T. monococcum*) ist ebenfalls eine alte Weizensorte und wird in Italien *Farro piccolo* (kleiner Emmer) genannt.

Weizengrieß – gemahlener Durum-Weizen – ist die Grundlage von **Couscous** (*Cuscus*), Suppen und *Gnocchi* (im Besonderen die berühmten überbackenen *Gnocchi alla romana*). In Marokko wird er gedämpft als Beilage zu würzigen Fleisch- oder Gemüsegerichten serviert, in Sizilien kommt er, mit Safran eingefärbt, als Beilage zu Fischeintopf auf den Tisch. *Fregola*, eine sardische *Couscous*-Variante, wird geröstet und in Suppen oder zu Fisch- und Fleischeintöpfen serviert. *Bulgur*, geschroteter Weizen, ist die Grundlage des beliebten nordafrikanischen Kräuter- und Weizen-schrotsalats *Taboulé*, findet in der italienischen Küche jedoch kaum Verwendung.

Ein besonderes Weizengericht aus Kampanien, das speziell an Ostern zubereitet wird, ist *Pastiera di grano*. Dafür werden Vollweizenkörner (Weizenbeeren) in Milch gekocht, mit Ricotta, Früchten und Zimt gemischt und auf einem Boden aus Mürbe-teig gebacken (siehe Seite 223). Auch heute noch pflegt man die Tradition, *Pastieri* als Glücksbringer an Freunde und Verwandte zu verschenken. Weizenbeeren und -flocken dienen auch als Frühstückszerealien, die inzwischen auch in die italienische Ernährung Eingang gefunden haben, ebenso wie Zerealien aus anderen bekannten Getreidesorten wie **Roggen** (*Segale*), **Gerste** (*Orzo*), **Hirse** (*Miglio*) und **Hafer** (*Avena*). Diese werden heute in der italienischen Küche jedoch kaum verwendet. Die Hauptrolle spielen stattdessen Weizen, Mais und Reis.

Als Grundnahrungsmittel in weiten Teilen Asiens ist **Reis** (*Riso*) in seiner Bedeutung für die Welternährung nur noch mit dem Weizen zu vergleichen. In Asien gibt es ver-schiedene Reissorten wie etwa Basmati oder Klebreis. In Amerika hingegen wird viel Langkornreis angebaut, inzwischen sind die USA jedoch vor allem für den Cajun-Reis berühmt, der von Farmern rund um New Orleans kultiviert wird. Wilder Reis – ein Wassergras, das entfernt mit dem asiatischen Reis verwandt ist – mit seinen nussig schmeckenden schwarzen Körnern kommt ebenfalls aus Nordamerika.

Der Reis stammt ursprünglich aus China, wird aber schon lange in der Poebene im Norden Italiens angebaut, wo das reichlich vorhandene Wasser aus den Alpen durch das Veneto auf die Felder zu beiden Seiten des Flusses geleitet wird. Der berühmteste Reis, der in Italien verwendet und angebaut wird, ist Risottoreis. Zu den besten Sorten gehören *Carnaroli*, *Arborio*, *Roma* und *Vialone nano*. Diese Sorten wurden entwickelt, um dem Risotto seine schöne Cremigkeit zu verleihen. (Reis von geringerer Qualität wird für Reispudding, Suppen und andere Gerichte verwendet.) Eine Reissorte, die ich ganz besonders liebe, ist eine Spezialität aus der Provinz Vercelli in der Poebene:

Acquerello Carnaroli wird ausschließlich von der Familie Rondolino – Reisbauern seit vielen Generationen – angebaut. Der Reis wird bis zu neun Jahre gealtert und ist gesünder als andere Reissorten, da der Keim auch nach dem Schälen noch erhalten bleibt.

Buchweizen (*Grano saraceno*) ist im Gegensatz zu den bereits genannten Getreidearten kein Süßgras, doch weil er ebenfalls wegen seiner Samenkörner angebaut wird, bezeichnet man ihn als Pseudogetreide. Er stammt aus der Mongolei und wird schon seit Jahrtausenden kultiviert. Nach Europa kam er durch die Mauren, was auch seinen italienischen Namen erklärt. Vor etwa einem Jahrhundert war Russland der weltgrößte Buchweizenproduzent, und das daraus gewonnene Mehl ist Grundzutat der berühmten *Blini* (russische Pfannkuchen). Daneben wird Buchweizenmehl auch für *Galettes*, nordfranzösische *Crêpes*, verwendet. In Italien bereitet man daraus eine spezielle Pastasorte (*Pizzoccheri*, siehe Seite 212) und eine Art grobe Polenta zu. Buchweizen wächst nur in zwei Gegenden Italiens, im lombardischen Valtellina und im Veneto.

Mais (*Granoturco*) gelangte erst mit der Entdeckung Amerikas nach Europa. Dabei handelt es sich um ein schnell wachsendes Gras südamerikanischen Ursprungs, das dort schon in präkolumbischer Zeit ein Grundnahrungsmittel war. Auch heute noch ist es das am großflächigsten angebaute Getreide in Nord- und Südamerika. Mais lässt sich in verschiedene Typen einteilen: Zuckermais, der beispielsweise als Maiskolben, Popcorn oder Mini-Maiskölbchen gegessen wird, und Hart- oder Zahnmais, der härter und stärkehaltiger ist und daher für Maisstärke, Maiskeimöl und als Tierfutter verwendet wird. In Europa essen wir ihn meist direkt am Kolben oder als Maiskörner (aus der Dose), die Italiener machen daraus außerdem Polenta. Während die ärmeren Bevölkerungsschichten in Norditalien früher noch einen nahrhaften Brei aus Kastanienmehl kochten, löste der Mais die Kastanie später in ihrer Bedeutung ab. Heute feiert Maisgrieß-Polenta in vielen guten Restaurants, wo sie zu saftigen Fleischgerichten serviert wird, ein Revival. Man kann sie auch mit Käse anreichern, fest werden lassen, in Scheiben schneiden und als herzhafte Beilage reichen. Nicht zuletzt kann Maismehl auch für Kuchen und Kekse verwendet werden.

INSALATA DI TUTTI FAGIOLI
Bunter Bohnensalat

Weltweit gibt es eine unendliche Vielfalt an Hülsenfrüchten, und dieser dekorative Salat ist eine hervorragende Art, sie in Szene zu setzen. Die Wahl der Bohnensorten überlasse ich dabei ganz Ihrer kulinarischen Fantasie. Für sechs Personen benötigen Sie etwa 350 Gramm getrocknete Bohnen, Sie können also beispielsweise jeweils 50 Gramm aus sieben verschiedenen Sorten nehmen. Statt getrockneter können Sie auch tiefgekühlte Bohnen oder Bohnen aus dem Glas oder der Dose verwenden.

Getrocknete Bohnen über Nacht in kaltem Wasser einweichen. Über einem Sieb abgießen und in einem Topf mit ausreichend frischem Wasser in etwa 1 bis 2 Stunden weich garen, dabei die ersten 10 Minuten sprudelnd kochen lassen. Über einem Sieb abgießen und abtropfen lassen, salzen. Tiefgekühlte Bohnen in einen Topf mit ausreichend leicht gesalzenem Wasser geben und weich garen. Über einem Sieb abgießen und abtropfen lassen. Bohnen aus dem Glas oder der Dose über einem Sieb abgießen, abspülen und abtropfen lassen.

Backofen auf 180 °C vorheizen. Die Knoblauchknollen ungeschält auf ein mit Alufolie belegtes Backblech setzen und mit etwas Olivenöl beträufeln. Knoblauch in die Folie einwickeln, im vorgeheizten Backofen etwa 25 Minuten backen, herausnehmen und abkühlen lassen.

Den Knoblauch auswickeln und aus seiner Schale in eine große Schüssel drücken. Restliches Öl, Kräuter, Essig oder Zitronensaft, etwas Salz und Pfeffer sowie die Bohnen dazugeben. Alles gut mischen. Heiß oder kalt mit etwas Schnittlauch bestreut servieren.

FÜR 4–6 PERSONEN

—350 g gemischte getrocknete oder tiefgekühlte Bohnenkerne (z. B. *Edamame-* oder Sojabohnen, Kidney-Bohnen, Dicke Bohnen, *Cannellini-*, *Borlotti-*, *Flageolett-*, Augen- und Butterbohnen, Kichererbsen), alternativ: 350 g gemischte Bohnen aus dem Glas oder der Dose
—Salz
—3 große Knoblauchknollen
—6 EL natives Olivenöl extra
—1 EL frisches Basilikum, gehackt
—1 EL frische glatte Petersilie, gehackt
—1 EL frische Minze, gehackt
—1 EL frischer Salbei gehackt
—1 EL frischer Schnittlauch, gehackt und etwas Schnittlauch zum Bestreuen
—2 EL Weißweinessig oder Zitronensaft
—frisch gemahlener Pfeffer

Hülsenfrüchte

FAGIOLI GRASSI
Bohneneintopf

Dies ist ein nahrhaftes Wintergericht und die traditionelle Karnevalsspeise in Ivrea, einer Kleinstadt im Piemont, in deren Nähe ich aufgewachsen bin. Der historische Karneval findet Mitte Februar statt, bevor die Fastenzeit anbricht, die bis Ostern dauert. In früheren Zeiten gaben die Reichen den Armen zu diesem Anlass Bohnen und Getreide und ließen sie ihre Öfen benutzen. Dieser Eintopf verdankt seinen Namen »Fette Bohnen« der Zutat, mit der die Bohnen gekocht werden – fettem Schweinebauch. Das Gericht ist sehr nahrhaft und lecker, allerdings ist es eher etwas für alle, die es deftiger mögen.

Das Öl in einem großen Topf erhitzen und die Zwiebeln darin bei mittlerer Hitze in etwa 10 Minuten weich braten. Die Bohnen über einem Sieb abgießen und zusammen mit 2 Litern frischem kaltem Wasser zu den Zwiebeln geben. Aufkochen und etwa 10 Minuten sprudelnd kochen lassen.

Schweineschwarten mit der Hautseite nach unten auf eine saubere Arbeitsfläche legen. Rosmarin waschen und trocken schütteln. Nadeln von 2 Zweigen abzupfen, restlichen Zweig in Stücke schneiden. Jeden Schwartenstreifen mit Rosmarinnadeln, Pfeffer, Muskatnuss und Petersilie bestreuen. Die Streifen aufrollen und mit Küchengarn umwickeln. Röllchen zu den Bohnen geben und alles etwa 2 Stunden köcheln lassen.

Die Würstchen, die passierten Tomaten und die Rosmarinstücke dazugeben und alles noch mindestens 1 Stunde kochen lassen, bis Schweineschwarten und Bohnen weich sind. Ist die Mischung zu trocken, etwas Wasser hinzufügen. Mit Salz und Pfeffer würzen. Die Schweineschwartenröllchen und nach Geschmack die Würste in Scheiben schneiden und den Eintopf warm servieren.

FÜR 4 PERSONEN

—2 EL natives Olivenöl extra
—2 große Zwiebeln, geschält und grob gewürfelt
—300 g getrocknete *Borlotti*-Bohnenkerne, 24 Stunden in kaltem Wasser eingeweicht
—4–6 Schweineschwartenstreifen (12–16 cm lang), entfettet
—3 Zweige frischer Rosmarin
—frisch gemahlener Pfeffer
—frisch geriebene Muskatnuss
—1 kleines Bund frische glatte Petersilie, gehackt
—6 Schweinswürstchen
—2 EL passierte Tomaten
—Salz

CANNELLINI, COZZE E VONGOLE
Bohnen mit Mies- und Venusmuscheln

Meist isst man Bohnen solo (oft mit Rosmarin und Olivenöl) oder mit Schweinefleisch und Gemüse. Die hier vorgestellte Kombination mit Muscheln hingegen ist eher selten und ist ein besonders erlesener Genuss. Das Rezept wird in zwei Schritten zubereitet.

Für die Bohnen das Olivenöl in einem mittelgroßen Topf erhitzen und den Knoblauch darin einige Minuten anbraten, aber nicht bräunen. Tomaten, gewaschenen, trocken ge-schüttelten Rosmarin und abgetropfte Bohnen dazugeben und etwa 5 Minuten kochen, bis die Bohnen warm sind.

Für die Muscheln die Schalen gut waschen und geöffnete Muscheln wegwerfen.

Das Olivenöl in einem großen Topf erhitzen und Knoblauch und Chili einige Minuten darin anbraten. Miesmuscheln, Venusmuscheln und Wein dazugeben. Alles zugedeckt bei starker Hitze kochen lassen. Dabei den Topf hin und wieder etwas rütteln, damit sich alle Muscheln öffnen. Nicht ge-öffnete Muscheln wegwerfen. Abkühlen lassen. Einige Muscheln zur Dekoration in den Schalen belassen, restliche Muschelschalen entfernen und Muschelfleisch wieder in den Topf geben.

Muscheln, Bohnen und Petersilie mischen, alles kurz erwärmen und mit Pfeffer würzen. Auf Suppenschalen verteilen und mit einigen Scheiben Brot servieren.

FÜR 4 PERSONEN

BOHNEN
— 1 EL natives Olivenöl extra
— 1 Knoblauchzehe, geschält und in dünne Scheiben geschnitten
— 1 große reife Tomate, entkernt und fein gewürfelt
— 1 Zweig frischer Rosmarin
— 600 g *Cannellini*-Bohnen (aus der Dose), abgetropft

MEERESFRÜCHTE
— 1 kg Miesmuscheln
— 1 kg kleine Venusmuscheln
— 1 EL natives Olivenöl extra
— 1 Knoblauchzehe, geschält und in dünne Scheiben geschnitten
— 1 Prise getrocknete Chilischoten
— 125 ml Weißwein
— 2 EL frische glatte Petersilie, gehackt
— frisch gemahlener Pfeffer

PANELLE ALLA ROMANA
Kichererbsen-Gnocchi

Als Inspiration für dieses Gericht dienten die römischen *Gnocchi alla romana*, die aus Polenta oder Hartweizengrieß hergestellt werden. In diesem Rezept verwende ich jedoch anstelle von Grieß Kichererbsenmehl. In Sizilien werden die *Panelle* aus Kichererbsenmehl oft an Straßenständen verkauft.

Kichererbsenmehl bekommt man in vielen Supermärkten und in Asialäden, teils unter der englischen Bezeichnung *Gram flour*. Da es glutenfrei ist, eignet es sich auch für Menschen, die unter einer Unverträglichkeit leiden.

—6 EL natives Olivenöl extra
    und etwas Öl für den Teigspatel
—Salz
—400 g Kichererbsenmehl
—2 mittelgroße Eier, verquirlt
—frisch geriebene Muskatnuss
—60 g Butter
—30 g frisch geriebener Parmesan

1,2 Liter Wasser, Öl und etwas Salz in einem großen Topf zum Kochen bringen. Das Kichererbsenmehl dazugeben und alles mit einem Schneebesen kräftig umrühren, damit sich keine Klümpchen bilden. Die Mischung etwa 10 Minuten unter gelegentlichem Rühren köcheln lassen, bis sie glatt und eingedickt ist. Etwas abkühlen lassen. Die verquirlten Eier und etwas Muskat hinzufügen. Kräftig umrühren.

Die Masse auf eine kalte Arbeitsfläche geben und mit einem eingeölten Teigspatel gleichmäßig etwa 2 Zentimeter dick verstreichen. Weiter abkühlen lassen.

Backofen auf 200 °C vorheizen.

Mit einem Ausstecher kleine Formen aus der abgekühlten Masse ausstechen. Ein Backblech mit etwas Butter einfetten und die Kichererbsen-*Gnocchi* dachziegelartig darauf anordnen. Restliche Butter in Flöckchen daraufgeben und mit Parmesan bestreuen.

Panelle im vorgeheizten Backofen 15 bis 20 Minuten backen, bis sich eine goldbraune Kruste gebildet hat. Als Vorspeise servieren. Dazu passt Tomatensauce.

FÜR 4 PERSONEN

Hülsenfrüchte

FARINATA
Kichererbsen-Fladenbrot

Dieses beliebte Gericht ist fast überall in Ligurien, in der Toskana oder auf Sizilien als traditioneller Bestandteil eines Frühstücks zu finden. Das Backen von Fladenbrot ist eine geradezu urzeitliche Art der Zubereitung. In Kombination mit Olivenöl und Kräutern erhält man einen köstlichen Snack, der zu jeder Tageszeit willkommen ist. Servieren Sie das Fladenbrot zu einem Gemüseeintopf oder mit einer einfachen Tomatensauce.

— 400 g Kichererbsenmehl
— 100 ml natives Olivenöl extra
— Salz
— 2 Zweige frischer Rosmarin
— frisch gemahlener Pfeffer

Das Kichererbsenmehl in einem großen Topf mit 1,2 Litern Wasser mischen und glatt rühren. Den Teig über Nacht bei Raumtemperatur ruhen lassen.

Backofen auf 200 °C vorheizen.

Den Schaum von der Oberfläche der Mischung abschöpfen. Olivenöl und etwas Salz dazugeben und alles gut umrühren. Den Teig etwa 2,5 Zentimeter hoch in ein ca. 4 Zentimeter tiefes Backblech füllen. Rosmarin waschen, trocken schütteln und Nadeln abzupfen. Den Teig mit Rosmarinnadeln und reichlich Pfeffer bestreuen.

Das Fladenbrot im vorgeheizten Backofen 15 bis 20 Minuten backen, bis es leicht Farbe annimmt. Herausnehmen und das Brot in Quadrate, Rechtecke oder Rauten schneiden. Noch warm servieren.

ERGIBT 1 BACKBLECH

PASTA E CECI (LAGANE E TRIA)
Pasta mit Kichererbsen

Bereits im ersten Jahrhundert v. Chr. erwähnte der römische Dichter Cato in seinen »Sermones« eine Mahlzeit aus Lauch, Kichererbsen und *Laganum*. Dabei handelte es sich wohl um eine Urform der Pasta, die in lange, dünne Streifen geschnitten wurde. Auch heute noch ist *Ciceri* oder *Lagane e tria*, eine Suppe aus Kichererbsen, Pasta (meist *Tagliatelle*) und anderem Gemüse, in Apulien und fast überall im Süden eine beliebte Spezialität.

Wenn Sie vorgegarte Kichererbsen aus der Dose verwenden, sparen Sie sich die langwierige Zubereitung getrockneter Kichererbsen, die erst über Nacht eingeweicht und anschließend stundenlang gekocht werden müssen. Ich habe beides ausprobiert und konnte keinen großen Unterschied feststellen.

Die getrockneten Kichererbsen – eventuell mit etwas Natron, damit die Schalen weicher werden – über Nacht in einer Schüssel mit reichlich Wasser einweichen. Über einem Sieb abgießen und in einem Topf mit frischem Wasser bei mittlerer Hitze etwa 3 Stunden kochen. Über einem Sieb abgießen und abtropfen lassen. Vorgegarte Kichererbsen ebenfalls über einem Sieb abgießen und abtropfen lassen.

Das Öl in einem großen Topf erhitzen und Zwiebel, Knoblauch und *Prosciutto* darin kurz anbraten. Kartoffeln, Sellerie und ca. 2 Liter Wasser dazugeben. Alles zum Kochen bringen und köcheln lassen, bis die Kartoffeln weich sind.

Kichererbsen, Pasta, etwas Salz und Pfefferkörner hinzufügen und alles weitergaren, bis die Pasta *al dente*, aber nicht zu hart ist. Noch heiß servieren.

FÜR 4–6 PERSONEN

- 200 g getrocknete Kichererbsen oder 2 Dosen vorgegarte Kichererbsen (à 400 g)
- ggf. etwas Natron
- 4 EL natives Olivenöl extra
- 1 kleine Zwiebel, geschält und fein gewürfelt
- 2 Knoblauchzehen, geschält und fein gewürfelt
- 150 g durchwachsener *Prosciutto*, gewürfelt
- 2 mittelgroße Kartoffeln, geschält und fein gewürfelt
- 2 Stangen Sellerie, in kleine Stücke geschnitten
- 300 g breite *Pappardelle* (ca. 3 cm)
- Salz
- 1 EL Pfefferkörner

MACCU CON CICORIA
Dicke-Bohnen-Püree mit Zichorien

Diese Spezialität der ländlichen apulischen Küche wird ausschließlich aus regionalen Zutaten zubereitet. Das Highlight ist die nussige Süße des Pürees und die leicht bittere Note der wilden Zichorien, die man im Frühjahr auf den Feldern findet. Statt wilder Zichorien verwende ich *Catalogna*, die zur selben Familie gehört und einen angenehm bitteren Geschmack besitzt. Stattdessen können Sie aber auch Friséesalat oder *Radicchio* verwenden.

Für das Dicke-Bohnen-Püree die Bohnen 24 Stunden in einer Schüssel mit kaltem Wasser einweichen.

Die Bohnen über einem Sieb abgießen und in einem großen Topf mit frischem Wasser bedecken. Die ungeschälten Knoblauchzehen hinzufügen und alles zum Kochen bringen. Bei geringer Hitze etwa 2 Stunden köcheln lassen, bis die Bohnen zu einem Püree zerfallen. Gelegentlich umrühren, damit nichts anklebt. Den Knoblauch herausnehmen und etwas Olivenöl dazugeben. Nach Geschmack mit Salz und Pfeffer abschmecken und warm halten.

Die *Catalogna*-Blätter am Wurzelansatz abschneiden, waschen und trocken schleudern oder den *Radicchio* waschen, trocken schleudern und in breite Streifen schneiden.

Öl in einen Topf geben und Knoblauch sowie Chili hinzufügen. Alles einige Minuten sanft braten. Den *Catalogna* oder *Radicchio* und etwa 150 Milliliter Wasser hinzufügen und alles zugedeckt in etwa 20 Minuten weich kochen. Mit Salz, Pfeffer und etwas Olivenöl abschmecken.

Bohnenpüree mit etwas Olivenöl auflockern und sehr glatt rühren. Zum Servieren das Püree auf Teller verteilen, *Catalogna* oder *Radicchio* danebengeben und alles warm servieren.

FÜR 4 PERSONEN

—1 kg Catalogna oder 3 runde Radicchio-Köpfe
—3 EL natives Olivenöl extra und etwas Olivenöl zum Abschmecken
—2 Knoblauchzehen, geschält und in dünne Scheiben geschnitten
—1 Chilischote, entkernt und in Ringe geschnitten

DICKE-BOHNEN-PÜREE
—500 g gespaltene getrocknete Dicke-Bohnen-Kerne
—4 Knoblauchzehen
—etwas natives Olivenöl extra
—Salz
—frisch gemahlener Pfeffer

Hülsenfrüchte

207

ZAMPONE E LENTICCHIE
Schweinefuß mit Linsen

Zampone, wörtlich »großer Schweinefuß«, ist eine Spezialität aus Norditalien. Hierbei handelt es sich um einen entbeinten und gefüllten Schweinefuß. *Zampone* wird fertig zubereitet und vorgegart in einem versiegelten Kochbeutel verkauft. (Sie können stattdessen auch *Cotechino* verwenden, eine grobe Wurst aus Schweinefleisch, die gekocht werden muss.)

Schweinefüße werden in Italien traditionell an Neujahr gegessen, meist wie in diesem Rezept mit Linsen (die der Tradition nach Geldsegen bringen sollen). Eine gängige Beilage sind auch *Mostarda di Cremona* (Senffrüchte), gemischte Früchte, die in einen mit Senf oder Meerrettich aromatisierten Sirup eingelegt werden.

Die Linsen verlesen, in ein feinmaschiges Sieb geben, gründlich waschen und abtropfen lassen. Das Öl in einem großen Topf erhitzen und den Knoblauch einige Minuten darin anbraten. Sellerie, Tomaten, Linsen und gewaschene Kräuter hinzufügen und mit der doppelten Menge Wasser bedecken. Alles zum Kochen bringen und etwa 30 Minuten köcheln lassen. Bei Bedarf etwas mehr Wasser hinzufügen.

In einem weiteren Topf den vorgegarten *Zampone* im Kochbeutel etwa 20 Minuten in reichlich Wasser kochen oder *Cotechino* etwa 3 ½ Stunden kochen.

Die warmen Linsen bei Bedarf abgießen und mit Salz und Pfeffer würzen. Die Linsen in eine Servierschüssel geben. Das Fleisch aus dem Topf nehmen, in Scheiben schneiden und auf den Linsen anrichten. Die Senffrüchte dazu servieren.

FÜR 4 PERSONEN

- 200 g *Castelluccio*-Linsen
- 6 EL natives Olivenöl extra
- 2 Knoblauchzehen, geschält und fein gewürfelt
- 100 g Stangensellerie, gewürfelt
- 100 g getrocknete Tomaten, gewürfelt
- einige frische Salbeiblätter
- 1 kleiner Zweig frischer Rosmarin
- 1 *Zampone* (vorgegarter Schweinefuß) oder *Cotechino* (italienische Rohwurst)
- Salz
- frisch gemahlener Pfeffer
- 1 Glas *Mostarda di Cremona* (eingelegte Senffrüchte) zum Servieren

POLENTA CONCIA
Herzhafte Polenta

Unter den vielen Rezepten, die mich an Nina Burgai, eine befreundete Gastronomin aus dem Aostatal, erinnern, ist mir dieses Gericht besonders im Gedächtnis geblieben. Sobald man – hungrig und müde – ihr Hotel-Restaurant in 2000 Metern Höhe erreicht hatte, stand sofort diese Polenta auf dem Tisch. Dazu servierte Nina stets einen Hähncheneintopf. Bei der Zubereitung verwendete sie Zutaten aus eigener Herstellung wie selbst gemachte Butter und hausgemachten *Fontina*, was das Gericht zu etwas ganz Besonderem machte.

Dieses Gericht ist die ideale Beilage zu verschiedenen Eintöpfen, schmeckt aber auch abgekühlt, in Scheiben geschnitten und gebraten sehr gut.

1 ½ Liter Wasser in einem großen Topf zum Kochen bringen, das Salz dazugeben und die Polenta langsam einrieseln lassen. Dabei ständig umrühren, damit sich keine Klümpchen bilden. Unter Rühren bei geringer Hitze 5 bis 7 Minuten kochen lassen (Vorsicht vor heißen Spritzern!). Die Polenta ist fertig, wenn sie sich vom Topfrand ablöst.

Butter und *Fontina* und zum Schluss den Parmesan dazugeben und alles gut mischen. Umrühren, bis Käse und Butter geschmolzen sind und die Polenta eine schöne cremige Konsistenz angenommen hat.

Heiß als Beilage servieren, etwa zu Eintöpfen mit rotem Fleisch, Wild, Innereien oder Gemüse. Übrig gebliebene Polenta in eine flache Form geben, fest werden lassen und in Olivenöl braten oder grillen.

FÜR 6 PERSONEN

—1 TL Salz
—300 g Instant-Polenta
—100 g Butter, fein gewürfelt
—200 g *Fontina*, fein gewürfelt
—80 g frisch geriebener Parmesan

Getreide

209

BISCOTTI DI POLENTA
Polenta-Kekse

Als Kind kam ich auf dem Schulweg in Borgofranco jeden Tag an einer Bäckerei vorbei. Im Fenster lag immer eine besondere Spezialität in der Auslage: Polenta-Kekse. Da ich Polenta nur in herzhaften Gerichten kannte, übten diese Kekse eine große Anziehungskraft auf mich aus. Ich war richtiggehend verliebt! Fast 70 Jahre später lernte ich, sie selbst zu backen, und sie sind wirklich köstlich.

Backofen auf 200 ˚C vorheizen. Zwei große Backbleche mit etwas Butter einfetten.

Alle Zutaten in einer Schüssel zu einem glatten Teig vermischen. Den Teig in einen Spritzbeutel füllen und Teigkreise von ca. 3 Zentimetern Durchmesser auf die Backbleche spritzen. Dabei ausreichend Abstand lassen, da die Masse noch etwas verläuft.

Die Kekse im vorgeheizten Backofen etwa 15 Minuten backen. Herausnehmen und einige Minuten abkühlen lassen. Mit einem Palettmesser vom Backblech lösen und uf einem Kuchengitter vollständig abkühlen lassen. In einem luftdichten Gefäß aufbewahren.

ERGIBT 30–40 STÜCK

—150 g weiche Butter und etwas
  Butter für die Backbleche
—300 g feine Instant-Polenta
—3 mittelgroße Eier, verquirlt
—fein abgeriebene Schale von
  1 unbehandelten Zitrone
—100 g italienisches Weizenmehl
  Type 00 (Pizzamehl)
—1 TL Backpulver
—200 g Zucker

PIZZOCCHERI DELLA VALTELLINA
Überbackene Buchweizennudeln

In der Nähe von Mailand, an der Schweizer Grenze, liegt das Veltlin (Valtellina), ein malerisches Tal, in dem unter anderem guter Wein, der berühmte *Bresaola*-Schinken und die ebenso bekannte Käsesorte *Bitto* hergestellt werden. Aus Letzterem wird, kombiniert mit Buchweizen-Pasta (Buchweizen wächst in dieser Gegend sehr gut), eine schmackhafte überbackene Pasta-Spezialität zubereitet.

Backofen auf 200 °C vorheizen.

Die *Pizzoccheri* zusammen mit den Bohnen oder anderem Gemüse und den Kartoffeln in etwa 15 Minuten in einem Topf mit ausreichend Salzwasser weich kochen. Über einem Sieb abgießen und abtropfen lassen.

Einen Teil der Mischung in eine eingefettete große ofenfeste Form geben und mit Käsewürfeln und Parmesan bestreuen. In dieser Weise die Zutaten weiter in die Form schichten, bis sie aufgebraucht sind.

Die Butter in einem Topf stark erhitzen. Muskatnuss, Salbei und Knoblauch hineingeben, alles mischen und über die Zutaten in der Form gießen. Die *Pizzoccheri* im vorgeheizten Backofen etwa 25 Minuten überbacken. Mit Pfeffer würzen und mit einem großen Löffel umrühren, dann servieren.

FÜR 6 PERSONEN

—350 g *Pizzoccheri* (Buchweizennudeln)
—200 g grüne Bohnen, von Spitzen und Stielansätzen befreit und halbiert (oder 200 g Spinat bzw. Mangold, gehackt)
—200 g Kartoffeln, geschält und gewürfelt
—Salz
—100 g Butter und etwas Butter für die Form
—250 g *Bitto*, *Fontina* oder *Taleggio*, gewürfelt
—100 g frisch geriebener Parmesan
—frisch geriebene Muskatnuss
—10 frische Salbeiblätter, gehackt
—3 Knoblauchzehen, geschält und in dünne Scheiben geschnitten
—frisch gemahlener Pfeffer

RISOTTO CON PORCINI
Steinpilz-Risotto

Wenn man mich nach meinem Lieblingsgericht fragt, dann ist dieses Rezept wohl die Antwort. Erstens liebe ich Reis und zweitens Pilze – ganz besonders *Porcini*, wie Steinpilze in Italien genannt werden. Natürlich bevorzuge ich für dieses Risotto frische *Porcini*. Es lässt sich aber auch mit Kulturpilzen zubereiten.

Für die Zubereitung eines ordentlichen Risottos benötigen Sie etwa 20 Minuten. Sie sollten dafür einen Topf mit heißer Brühe direkt neben dem Risotto-Topf köcheln lassen, also am besten auf der benachbarten Herdplatte. Es ist wichtig, dass die Brühe heiß ist, damit der Reis seine Temperatur hält und der Garprozess nicht bei jeder Zugabe von Brühe unterbrochen wird.

Die Brühe in einem großen Topf erhitzen und während der restlichen Zubereitung auf dem Herd köcheln lassen.

Olivenöl und die Hälfte der Butter in einem großen, flachen Topf erhitzen und Zwiebel darin etwa 10 Minuten anbraten.

Frische Pilze mit einem feuchten Tuch säubern und in Scheiben schneiden. (Eingeweichte getrocknete *Porcini* über einem Sieb abgießen und ebenfalls in Scheiben schneiden). Reis und Pilze zur Zwiebel in den Topf geben und umrühren, um die einzelnen Reiskörner mit Fett zu überziehen. Die heiße Brühe schöpfkellenweise hinzufügen. Nach jeder Zugabe umrühren und erst dann mehr Brühe hinzufügen, wenn die gesamte Flüssigkeit aufgesogen ist. Den Vorgang etwa 15 Minuten lang wiederholen, dabei immer wieder umrühren, köcheln lassen und etwas Brühe dazugeben. Danach probieren, ob der Reis die gewünschte Bissfestigkeit erreicht hat. Die Konsistenz des Risottos sollte feucht, aber nicht nass sein. Nach Geschmack mit Salz und Pfeffer würzen. Die restliche Butter und den geriebenen Parmesan einrühren und das Risotto sofort servieren.

FÜR 4 PERSONEN

- 1 ½ l Kalbs-, Hühner-, Rinder- oder Gemüsebrühe
- 3 EL natives Olivenöl extra
- 60 g Butter
- 1 Zwiebel, geschält und fein gewürfelt
- 300 g frische Steinpilze (oder 300 g Wiesenchampignons und 20 g getrocknete Steinpilze, in heißem Wasser eingeweicht)
- 300 g Risottoreis (z. B. *Carnaroli*-Reis)
- Salz
- frisch gemahlener Pfeffer
- 60 g frisch geriebener Parmesan

Getreide

RISOTTO ALLA MILANESE CON OSSOBUCO
Safran-Risotto mit Kalbsbeinscheiben

Unter den Risottovarianten in der Poebene ist *Risotto milanese* wahrscheinlich die berühmteste – und auch die köstlichste. Dieses Risotto wird so geschätzt, dass man es manchmal mit einem Stück Blattgold garniert serviert. Ich halte dies für unnötig, denn ein gut gemachtes Risotto ist an sich bereits wertvoll genug.

Für das Ossobuco die Kalbsbeinscheiben in Mehl wenden und in einem großen Topf oder Bräter im heißen Öl etwa 5 Minuten auf beiden Seiten anbraten. Wenn sie schön goldbraun sind, herausnehmen und auf einen Teller legen.

Im selben Topf Zwiebel, Sellerie und Karotte etwa 5 Minuten anbraten. Fleisch zurück in den Topf geben, Wein und Tomaten hinzufügen und alles gut umrühren. Brühe und gewaschenen, trocken geschüttelten Rosmarin dazugeben und alles etwa 1 ½ Stunden schmoren lassen, bis sich das Fleisch vom Knochen löst. Mit Salz und Pfeffer würzen und warm halten.

Etwa 30 Minuten, bevor das Ossobuco fertig ist, mit dem Risotto beginnen. Dazu die Brühe in einem Topf erhitzen und warm halten. In einem weiteren großen Topf die Zwiebel in der Hälfte der Butter in etwa 10 Minuten weich braten. Den Reis dazugeben und umrühren, um die einzelnen Körner mit Fett zu überziehen. Den Wein dazugießen und alles einige Minuten sprudelnd kochen lassen, bis die Flüssigkeit etwas einreduziert ist. Den Safran hinzufügen und die heiße Brühe nach und nach schöpfkellenweise dazugießen. Vor jeder Zugabe abwarten, bis die Brühe vollständig aufgesogen ist. Immer weiter umrühren und mehr Brühe dazugeben, bis der Reis *al dente* ist (15 bis 20 Minuten). Mit Salz abschmecken.

Restliche Butter und geriebenen Parmesan zum Risotto geben. Umrühren und das Risotto mit dem *Ossobuco* servieren.

FÜR 4–6 PERSONEN

- 4–6 *Ossobuchi* (Kalbsbeinscheiben mit Knochen)
- etwas Mehl zum Bestäuben
- 6 EL natives Olivenöl extra
- 1 Zwiebel, geschält und fein gewürfelt
- 3 Stangen Sellerie, fein gewürfelt
- 1 Karotte, fein gewürfelt
- 100 ml Weißwein
- 2 EL passierte Tomaten
- 200 ml Rinder- oder Hühnerbrühe
- 1 kleiner Zweig frischer Rosmarin, in Stücke geschnitten
- Salz
- frisch gemahlener Pfeffer

RISOTTO
- 1 ½–2 l Rinder- oder Hühnerbrühe
- 1 Zwiebel, geschält und sehr fein gewürfelt
- 100 g Butter
- 350 g Risottoreis (z. B. *Carnaroli*-Reis)
- 100 ml trockener Weißwein
- ½ TL Safranpulver oder 10 Safranfäden
- Salz
- 60 g frisch geriebener Parmesan

RISOTTO CON LE SEPPIE
Schwarzes Risotto mit Sepia

Wenn man unvorbereitet in einem venezianischen Restaurant diese Spezialität – schwarzen Reis mit einem leichten Fischgeschmack – serviert bekommt, ist man oft etwas überrascht. Die kleinen Tintenfische aus der Lagune von Venedig tragen reichlich Tinte in sich, die man unter anderem zum Einfärben dieses Reisgerichts verwendet. Im Veneto nimmt man für das Risotto *Vialone Nano*, einen in der Region angebauten Risottoreis mit kurzen, runden Körnern.

Ergänzt wird das Gericht durch Prosecco, den berühmten Schaumwein aus Venedig. Dieser ist auch das perfekte Getränk, um von einer Restaurantterrasse aus das Treiben am Canale Grande zu beobachten. Die meisten Venezianer rühren ihren Prosecco vor dem Trinken allerdings um, was zur Folge hat, dass alle Schaumbläschen verloren gehen! Prosecco zu erhitzen hat genau denselben Effekt, sodass Sie stattdessen auch Weißwein verwenden können.

Am besten küchenfertig vorbereitete Tintenfische mit den separaten Tintensäckchen kaufen. Andernfalls Kopf und Tentakel vom Mantel (dem röhrenförmigen Körper) ziehen. Nun die harte Chitinplatte und die inneren Organe herausziehen.

Unter diesen Innereien befindet sich ein kleines, silbrigblaues Säckchen, das die Tinte enthält. Das Säckchen beiseitelegen.

Die Außenhaut vom Mantel entfernen. Die Augen und die Mundwerkzeuge in der Mitte von den Tentakeln abschneiden und den Rest – Mantel und Tentakeln – in 1 Zentimeter große Stücke schneiden.

- 500 g küchenfertige kleine Tintenfische mit Tintensäckchen
- 1 ½ l Fischfond
- 2 EL natives Olivenöl extra
- 30 g Butter und ein großer Stich Butter zum Servieren
- 1 kleine Zwiebel, geschält und fein gewürfelt
- 350 g Risottoreis (z. B. *Vialone Nano*)
- 75 ml Prosecco
- Salz
- frisch gemahlener Pfeffer

Den Fischfond in einem großen Topf auf dem Herd erhitzen und warm halten.

Olivenöl und 30 Gramm Butter in einer großen Pfanne erhitzen und die Zwiebel darin in etwa 10 Minuten weich braten. Die Tintenfischstücke dazugeben und etwa 10 Minuten mitbraten. Den Reis dazugeben und umrühren, um die einzelnen Körner mit Fett zu überziehen. Den Prosecco dazugießen und alles einige Minuten sprudelnd kochen lassen, bis die Flüssigkeit etwas einreduziert ist. Den heißen Fischfond schöpfkellenweise hinzufügen. Nach jeder Zugabe umrühren und erst dann mehr Brühe hinzugeben, wenn die gesamte Flüssigkeit aufgesogen ist. Den Vorgang 18 bis 20 Minuten lang wiederholen, dabei immer wieder umrühren, köcheln lassen und mehr Brühe dazugeben. Probieren, ob der Reis die gewünschte Bissfestigkeit erreicht hat. Die Konsistenz des Risottos sollte feucht, aber nicht nass sein.

Hat das Risotto die gewünschte Konsistenz, Sepiatinte und restliche Butter dazugeben. Mit Salz und Pfeffer abschmecken, alles gut umrühren und servieren.

FÜR 4 PERSONEN

RISOTTO
CON LE
SEPPIE
*Schwarzes Risotto
mit Sepia
Seite 216–217*

FREGOLA CON MOSCARDINI
Sardisches Couscous mit Babyoktopus

Stellen Sie sich die üblichen Couscouskörner vor, wie sie in Marokko gegessen werden. Und dann stellen Sie sich riesige Körner vor, die etwa zehnmal so groß sind: Das ist die sardische *Fregola*. Früher galt die Geschicklichkeit eines Mädchens bei der Zubereitung von *Fregola* als Maßstab für ihren Wert als Ehefrau! *Fregola* wird aus Hartweizen hergestellt und ist wirklich köstlich. *Moscardini* sind Mini-Oktopusse, die auch tiefgekühlt erhältlich sind – wobei sie frisch deutlich besser schmecken.

Für die Sauce das Olivenöl in einem großen Topf erhitzen und Knoblauch und Chilischoten darin etwa 2 Minuten anbraten. Tomatenwürfel und Wein dazugeben und alles etwa 5 Minuten köcheln lassen. Den Oktopus dazugeben und noch 7 bis 8 Minuten mitbraten.

Die *Fregola* in einem Topf mit ausreichend kochendem Salzwasser etwa 12 Minuten garen. Über einem feinmaschigen Sieb abgießen und abtropfen lassen. Mit der Sauce mischen. Mit Salz und Pfeffer abschmecken, Petersilie unterrühren und mit Basilikumblättern garniert servieren.

FÜR 4 PERSONEN

—150 g *Fregola* (sardische Couscouskörner)
—Salz
—frisch gemahlener Pfeffer
—2 EL frische glatte Petersilie, fein gehackt
—einige Basilikumblätter zum Garnieren

SAUCE
—6 EL natives Olivenöl extra
—1 Knoblauchzehe, geschält und fein gewürfelt
—½ TL rote Chilischoten, gehackt
—1 reife Tomate, fein gewürfelt
—50 ml trockener Weißwein
—750 g küchenfertiger Babyoktopus

PASTIERA DI GRANO
Neapolitanischer Osterkuchen

Dieser Weizenkuchen hat auch eine religiöse Bedeutung: In Süditalien, vor allem in Neapel, bereitet man ihn zur Osterzeit zu und verschenkt ihn als Glücksbringer.

Weizenkörner 24 Stunden in Wasser einweichen. Über einem Sieb abgießen und abtropfen lassen. Körner mit Milch, Zitronen- und Orangenschale etwa 45 Minuten bei geringer Hitze weich kochen. Abgießen und abtropfen lassen (oder fertig gegarten Weizen verwenden). Zimt und Vanille untermischen.

Für den Teig das Mehl in eine Schüssel geben und mit der Butter zu einer krümeligen Masse verkneten. Erst den Zucker, dann die Eigelbe untermischen und alles zu einem glatten Teig verarbeiten. Den Teig in Frischhaltefolie wickeln und im Kühlschrank 1 ½ Stunden kühl stellen.

Ricotta, Eigelbe und Orangenblütenwasser in eine Schüssel geben. Kandierte Früchte und gekochte Weizenkörner hinzufügen und gut mischen. Eiweiße und Zucker steif schlagen. Eischnee vorsichtig unter die Füllung heben.

Eine 35 Zentimeter große tiefe Flan-Form mit Butter einfetten. Backofen auf 190 °C vorheizen. Mürbeteig aus dem Kühlschrank nehmen und auf einer leicht bemehlten Arbeitsfläche etwa 5 Millimeter dick ausrollen. Die Form mit dem Mürbeteig auskleiden, dabei einen Rand hochziehen. Überstehende Teigränder abschneiden und für die Verzierung beiseitelegen.

Die Füllung auf den Teigboden geben und glatt streichen. Den restlichen Mürbeteig ausrollen, in lange Streifen schneiden und die Teigstreifen gitterartig auf den Kuchen legen. Mit der zerlassenen Butter bepinseln. Den Kuchen etwa 45 Minuten im vorgeheizten Backofen backen, abkühlen lassen und mit Puderzucker bestäuben. Heiß oder kalt servieren.

FÜR MINDESTENS 8 PERSONEN

MÜRBETEIG
- 300 g Mehl und etwas Mehl für die Arbeitsfläche
- 150 g Butter, in kleine Stücke geschnitten, und etwas Butter für die Form
- 150 g Zucker
- 3 große Eigelb

FÜLLUNG
- 200 g Vollweizenkörner oder 440 g vorgegarte Weizenkörner (italienischer Feinkostladen)
- ggf. 500 ml Milch
- ggf. fein abgeriebene Schale von ½ unbehandelten Zitrone und von ½ unbehandelten Orange
- 1 TL Zimtpulver
- 1 TL Vanilleextrakt
- 300 g Ricotta
- 4 große Eier, getrennt
- 50 ml Orangenblütenwasser
- 150 g gemischte kandierte Zitrusfrüchte, fein gehackt
- 225 g Zucker

ZUM FERTIGSTELLEN
- etwas zerlassene Butter
- etwas Puderzucker zum Bestäuben

Getreide

KRÄUTER, GEWÜRZE UND NÜSSE

Fast genauso wichtig wie das Gemüse sind Würz- und Aromazutaten, die den Geschmack bestimmter Gemüsegerichte unterstreichen. Dafür werden schon seit uralten Zeiten Kräuter und Gewürze verwendet, in Italien vor allem Kräuter. Bei den meisten Kräutern und Gewürzen – abgesehen vom Salz – handelt es sich um Pflanzen oder Pflanzenteile. Vielleicht trifft es zu, dass Kräuter und Gewürze im Mittelalter dazu dienten, den Geschmack von leicht verdorbenem Fleisch zu übertünchen. Jedenfalls haben sie in der Tat oft antibakterielle Eigenschaften und können so beispielsweise dafür sorgen, dass Fleisch konserviert und somit genießbarer wird – und nebenbei auch besser schmeckt. Kräuter und Gewürze tragen nicht nur zum Aroma verschiedener Gerichte bei, sondern machen mit ihren essenziellen Ölen viele Speisen auch besser verdaulich. So spalten beispielsweise Rosmarin und Knoblauch im Lammbraten das Fett auf und machen es auf diese Weise bekömmlicher. In Kombination mit Gemüse sind Kräuter und Gewürze ebenso wertvoll – sowohl in geschmacklicher als auch in gesundheitlicher Hinsicht.

Nüsse zählen zwar nicht zu den Gemüsesorten, spielen aber in der italienischen Küche eine gleichermaßen bedeutende Rolle und sind ebenfalls pflanzlichen Ursprungs.

KRÄUTER UND GEWÜRZE

Die meisten Küchenkräuter stammen ursprünglich aus dem Mittelmeerraum. Viele davon wurden – neben anderen Zutaten wie Knoblauch, Zwiebeln, Äpfeln, Kirschen oder Edelkastanien – schon von den Römern in ganz Europa verbreitet. Gewürze hingegen werden in der modernen italienischen Küche seltener verwendet. Heute legt man vermehrt Wert auf regionale Zutaten, während die meisten Gewürze von exotischen Pflanzen stammen. Meist handelt es sich bei Gewürzen um Samen (wie etwa Fenchel), Rinden (Zimt), Schoten (Vanille) oder Knospen (Gewürznelken). Im Mittelalter waren Gewürze in ganz Europa sehr beliebt. Während sie jedoch andernorts oft dazu dienten, den Geschmack und Geruch von altem Fleisch zu überdecken, verwendete man sie in Italien, besonders in Rom, vornehmlich dazu, die Speisen der Würdenträger der Kirche mit teuren exotischen Zutaten aufzuwerten – und das nicht nur in kleinen Prisen! Zwar werden diese Gewürze in der italienischen Küche heute noch geschätzt, inzwischen aber in deutlich geringeren Mengen.

Bevor ich aber zur Beschreibung einiger ausgewählter Kräuter und Gewürze übergehe, müssen Sie mir eine kleine »Ausfälligkeit« verzeihen – gegen die in meinen Augen unsachgemäße Verwendung von Kräutern in der Küche, und zwar die berüchtigte *Sauce bolognaise*. Im Gegensatz zur original italienischen *Bolognese*-Sauce (zu beachten ist die unterschiedliche Schreibweise), wurde die *Bolognaise* in Großbritan-

nien erfunden. Das entsprechende Rezept wird nur dort und in einigen anderen Gegenden der Welt zubereitet. Diesem Rezept scheint der weitverbreitete Irrtum zugrunde zu liegen, für ein mediterranes Gericht sei eine Vielzahl von Kräutern und Gewürzen wie etwa Knoblauch, Muskatnuss, Gewürznelken, Oregano, Basilikum, Petersilie und Sellerie nötig. Vor allem getrockneter Thymian wird im *Bolognaise*-Rezept in großen Mengen recht willkürlich verwendet. Die Originalversion des *Ragù bolognese* hingegen enthält keines der oben genannten Kräuter. In vielen meiner Bücher und TV-Sendungen sage ich es immer wieder: Eine *Bolognese* ist für mich eine langsam gegarte Sauce, die das Aroma zweier verschiedener Fleischsorten hervorhebt, etwa Rind- und Kalbfleisch oder Rind- und Schweinefleisch (oder in Süditalien sogar Lamm), und nur mit Gemüse, Tomaten, Salz und Pfeffer aromatisiert wird.

Mein Interesse für Kräuter entstand schon sehr früh. Meine Mutter hatte – wie die meisten, die einen Balkon ihr Eigen nennen – draußen immer einige Terrakottatöpfe mit frischen Kräutern stehen, die sie zum Kochen und für Salate verwendete. Die gängigsten waren Basilikum, Rosmarin, Petersilie und Salbei, manchmal auch einige Tomatenpflanzen. Als ich sechs oder sieben Jahre alt war und wir in der Nähe des Ortes, an dem mein Vater als Stationsvorsteher arbeitete, in einer kleinen Eisenbahnerwohnung lebten, fiel mir die Aufgabe zu, für den täglich aufgetischten Salat *Rucola* zu pflücken. Die scharfe, aromatische Pflanze wuchs wild am Rande der Eisenbahnschienen, sodass ich es hierfür nicht weit hatte. Angesichts meiner jungen Jahre war ich sehr stolz, etwas zum kollektiven Familienessen beitragen zu können.

Anis (*Anice*) ist ein Kraut aus derselben Familie wie Fenchel und Dill. Die Samen haben ein intensives Aroma und werden hauptsächlich für Getränke und süßes Gebäck verwendet. Die Sarden geben Anissamen in süße Kekse namens *Anicini*, und der Anisgeschmack passt auch sehr gut zu Feigen. Sie harmonieren jedoch auch mit einigen herzhaften Gerichten wie Salaten oder Fisch.

Basilikum (*Basilico*) ist das Kraut, das ich von allen am meisten liebe. Diese majestätische Pflanze verleiht den verschiedensten Gerichten, etwa Salaten und Suppen, einen himmlischen Geschmack. Zu den wichtigsten Einsatzbereichen von Basilikum zählt das *Pesto alla genovese*, bei dem das würzige Kraut mit Knoblauch, Pinienkernen, geriebenem Parmesan und Olivenöl zu einer Paste verarbeitet wird. Sie dient beispielsweise zum Aromatisieren von Pasta, *Gnocchi* und *Minestrone*, als Dip oder als Aufstrich für *Crostini* (belegtes geröstetes Landbrot). Basilikum krönt außerdem auch viele Pizzen und Salate – allen voran der Brotsalat *Panzanella* – und verleiht vor allem Tomatensaucen ein feines Aroma.

Basilikum stammt eigentlich aus Indien und nicht aus dem mediterranen Raum. Doch schon die Römer führten es nach Europa ein, wo es inzwischen fast allgegenwärtig ist.

In Griechenland gibt es eine Basilikumart mit sehr kleinen Blättern und einem kräftigen Aroma. Basilikum findet nicht nur in der Küche Verwendung, sondern auch als Topfpflanze auf der Fensterbank, die Mücken abwehren soll. Diese Basilikumsorte ist deutlich widerstandsfähiger als großblättriges Basilikum und lässt sich daher in nördlicheren Breiten leichter im Garten anbauen.

Lorbeer (*Alloro, Lauro*) ist ein immergrüner Baum, der eigentlich aus Asien stammt, inzwischen aber auch in Europa heimisch ist. Seine aromatischen Blätter sind eine wichtige Kochzutat. Wenn ich Brühe oder Kastanien koche, gebe ich immer ein paar Lorbeerblätter ins Wasser, denn sie wirken antibakteriell. Manchmal sieht man sie auch in Packungen mit getrockneten Feigen, da sie Insekten abhalten. Lorbeer ist ein beliebter Bestandteil eines *Bouquet garni* (italienisch *Aromi*) genannten Kräutersträußchens, das zum Aromatisieren von Bouillon, Suppen und Eintöpfen verwendet wird. Sie können auch die Form für eine Pastete mit einigen Lorbeerblättern auslegen, um die Pastete zu aromatisieren. Verwenden Sie dabei stets möglichst frische Blätter, denn sie besitzen ein stärkeres Aroma als getrocknete.

Kapern (*Capperi*) sind die Knospen einer Pflanze, die vermutlich aus dem mediterranen Raum stammt. In Italien wachsen Kapern vor allem auf den Inseln Pantelleria und Lipari im warmen Süden bei Sizilien. Die Blütenknospen werden noch ungeöffnet gepflückt und dann in Essig, Salzlake oder Salz konserviert. Ich bevorzuge die gesalzenen Kapern. Man muss sie allerdings vor dem Gebrauch erst wässern und anschließend gut abspülen. Kapern haben einen intensiven Geschmack und werden in der italienischen Küche häufig verwendet – vor allem in Salaten und Saucen. Achten Sie jedoch darauf, sie immer erst gegen Ende der Garzeit hinzuzugeben, damit sie ihr Aroma nicht verlieren. Kapern gehören auch zu den Hauptzutaten der klassischen *Sauce tartare* (eine kalte Sauce auf Mayonnaisebasis) und verleihen der Thunfischsauce im *Vitello tonnato* (ein Kalbfleisch-*Antipasto*) ihre pikante Note. Lässt man die Kapernknospen weiter wachsen und blühen, entwickelt sich daraus eine Frucht. Diese ist als Kapernbeere oder -apfel bekannt und wird meist in Essig und Öl oder in Salzlake eingelegt.

Sellerieblätter (*Sedano*), die Blätter von Sellerie, verwendet man – ähnlich wie Liebstöckel (ein Kraut, das man zu Hause gut anbauen kann, frisch jedoch im Handel kaum zu finden ist) – meist zum Aromatisieren von Brühe. Beides kann man, gehackt und minimal dosiert, zum Beispiel in Füllungen für Ravioli oder Gemüse verwenden.

Kerbel (*Cerfoglio*) ist ein außergewöhnlich zartes Kraut, dessen Blätter an glatte Petersilie erinnern. Er hat einen süßen, subtilen, leicht lakritzartigen Geschmack. In Italien verwendet man ihn am liebsten frisch. Sie können ihn für Saucen, Salate und gedämpftes Gemüse oder leichte Suppen wie *Stracciatella* (Einlaufsuppe aus Fleischbrühe und verschlagenem Ei) verwenden. Geben Sie ihn aber immer erst ganz am Schluss hinzu.

Schnittlauch (*Erbe cipollina*) gehört zur Familie der Zwiebeln (siehe Seite 99). Er wächst aus winzigen Bulben, und seine grünen, nadelartigen Stängel sind innen hohl und schmecken wie eine Kreuzung aus Zwiebel und Knoblauch. Die hübschen violetten Blüten sind ebenfalls essbar. Fein gehackter Schnittlauch wird über Suppen und Salate gestreut und bereichert sie mit einem feinen, leichten Aroma. Schnittlauch wird in Italien häufig verwendet und, grob gehackt, über Salate, Eiergerichte und *Crostini* (belegtes geröstetes Landbrot) gestreut.

Zimt (*Cannella, Cinnamomo*) ist eines der bekanntesten Gewürze. Es stammt von der Rinde des asiatischen Zimtbaums und hat einen starken, süßlichen Geschmack. In der italienischen Küche wird Zimt meist nur in kleinsten Mengen – hauptsächlich für herzhafte Gerichte – eingesetzt und verleiht Eintöpfen und Saucen ein volleres Aroma. Unter anderem findet er in einem norditalienischen Wurst-Risotto Verwendung. Dies lässt sich auf den Einfluss Venedigs als Hauptimporteur östlicher Gewürze im Mittelalter zurückführen. Zimtpulver wird auch zum Aromatisieren von Desserts, vor allem für die sizilianischen *Cannoli* (frittierte Teigrollen mit einer süßen Cremefüllung), oder zum Verfeinern von frischem Obst verwendet.

Koriander (*Coriandolo*) kommt – anders als zu früheren Zeiten – in der modernen italienischen Küche äußerst selten zum Einsatz. Heute wird das würzige Kraut vor allem mit asiatischem Essen – mit der China- und Thai-Küche – assoziiert. Die Blätter werden – stets zu Ende der Garzeit – über die heißen Gerichte gestreut oder in Salate gegeben. Wie beim Fenchel werden sowohl die Blätter (als Küchenkraut) als auch die Samen (als Gewürz) der Korianderpflanze verwendet. Bisweilen kommen Koriandersamen, kombiniert mit Pistazien, in der italienischen *Mortadella*-Wurst zum Einsatz, häufiger nutzt man hierfür allerdings Pfefferkörner.

Dill (*Aneto*) ist ebenfalls eine Pflanze, die sowohl als Kraut als auch als Gewürz genutzt wird. Da er dem Fenchel ähnelt, aus dessen botanischer Familie er stammt, nennen ihn die Italiener auch *Finocchio bastardo* (Bastardfenchel). In der italienischen Küche wird er kaum verwendet. Hauptsächlich in nördlichen Ländern kommen die Dillfähnchen vor allem in Fischgerichten zur Anwendung. Berühmte Einsatzgebiete sind der mit Dill gebeizte Lachs (*Gravlax*) aus Skandinavien. Dillsamen findet man oft in Rezepten für eingelegte Gurken, da sie als verdauungsfördernd gelten.

Fenchel (*Finocchio*) ist eine weitere Pflanze, die sich sowohl als Küchenkraut als auch als Gewürz, aber auch als Gemüse (siehe Seite 28) verwenden lässt. Er hat ein süßliches, anisartiges Aroma. Die Blätter dienen in einigen Ländern zum Würzen von Fisch, in Italien sind sie jedoch nicht allzu beliebt. Die Samen hingegen sind in Süditalien Bestandteil verschiedener Zubereitungen. Fenchelaroma ist unter anderem charakteristisch für den Likör *Sambuca*. Fenchelsamen verarbeitet man aber auch

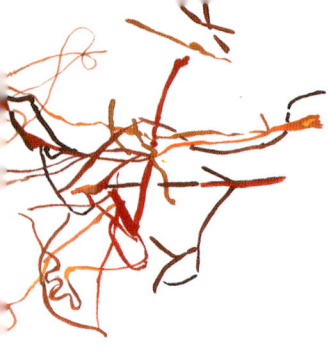

in Broten, in *Taralli* (herzhafte Kekse auf Olivenölbasis) und in süßem Gebäck. Auch in der Fleischwarenherstellung werden sie genutzt, wo sie scharfen Würsten – besonders der toskanischen Wurstspezialität *Finocchiona* – ihr Aroma verleihen.

Finocchietto selvatico oder Wildfenchel ist eine italienische Besonderheit. Er wächst überall auf Sizilien, wo man ihn frisch verwendet, und ist unersetzlich in *Pasta con le sarde*, einem klassischen Nudelgericht aus Palermo mit einer Sauce aus Sardinen und Wildfenchel (oder ersatzweise Fenchelsamen). Daneben verfeinern die Blätter und Samen des Wildfenchels Suppen und würzen Gemüsegerichte.

Majoran (*Maggiorana*) kommt in drei Arten vor: süßer Majoran, Türkischer Oregano und wilder Majoran oder Oregano (*Origano*). Sie alle stammen ursprünglich aus Asien, sind inzwischen aber in ganz Europa zu finden. Frisch haben sie ein zartes, minziges Aroma, getrocknet ist ihr Geschmack noch intensiver. Majoran ist in Ligurien besonders beliebt. Dort wird er beispielsweise für gefüllte Kalbsbrust (*Cima alla Genovese*) und *Preboggion* verwendet, eine grüne Kräuterpaste, mit der die ligurischen Ravioli namens *Pansôti* gefüllt werden. Majoran und Oregano würzen Pizzas, Füllungen und Saucen. Oregano schmeckt dabei deutlich kräftiger als Majoran und ist vor allem durch die *Pizzaiola*, eine zu Rindfleisch servierte Tomatensauce, berühmt. Daneben wird er auch zum Aromatisieren von Gebäck, Broten und eingelegten Oliven genutzt.

Unter den verschiedenen Arten von **Minze** (*Menta, Mentuccia, Nepitella*) bevorzugen Italiener Pfefferminze für herzhafte Gerichte, etwa *Zucchini alla scapece* – sehr dünn geschnittene Zucchini, gebraten und mariniert mit Öl, Knoblauch, Essig und Minze. Ich verwende Minze auch gerne für im Ofen gebratenen oder gegrillten Aal. Minze passt außerdem gut in Salate und bereichert sie um eine erfrischende Note.

Petersilie (*Prezzemolo*) wird in Italien ausschließlich in ihrer glattblättrigen Variante verwendet, da sie ein besseres Aroma als die krause Petersilie besitzt. Unter anderem ist sie Hauptzutat der *Salsa verde*, einer grünen Sauce (siehe Seite 239), und kommt in vielen Fisch- und Eiergerichten vor. Daneben wird sie als Garnitur für allerlei verschiedene Gerichte verwendet. Daher stammt wohl auch die italienische Redensart *Essere come il prezzemolo* (wörtlich: »wie Petersilie sein«) für jemanden, der omnipräsent ist.

Es gibt schwarze, weiße und grüne **Pfefferkörner** (*Pepe*). Es sind die Früchte der Pfefferpflanze, die in Indien, Pakistan und Indonesien beheimatet ist. Schwarze und weiße Pfefferkörner verwendet man in Italien zum Würzen von Brühen oder Fleischwaren wie Wurst und Schinken. Greifen Sie möglichst zu hochwertigen Pfefferkörnern und mahlen Sie sie erst kurz vor dem Servieren, damit die essenziellen Öle nicht verloren gehen.

Rosmarin (*Rosmarino*) ist ein weiteres typisch italienisches Kraut, das hauptsächlich zum Würzen von im Ofen gebratenem Fleisch verwendet wird. Die frischen Nadeln verleihen Hähnchen-, Kalb-, Rind-, Lamm- und Wildfleisch ein besonderes Aroma. Daneben ist Rosmarin auch eine beliebte Saucenzutat. Rosmarinnadeln streue ich gerne über Ofenkartoffeln. Rosmarin ist im Mittelmeerraum beheimatet. Er lässt sich überall wunderbar anbauen, etwa im Topf oder draußen im Garten, er wächst aber auch wild in den Hügeln und Bergen Italiens. Zwischen der Wild- und Kulturform besteht – sowohl geschmacklich als auch optisch – kaum ein Unterschied. Eine besondere Verwendungsmöglichkeit ist Rosmarinzucker: Hierfür gibt man einfach einige Zweige Rosmarin in ein Glas mit Zucker und lässt den Zucker auf diese Weise – ähnlich wie bei Vanillezucker – einige Zeit aromatisieren.

Safran (*Zafferano*) wird in der italienischen Küche nur sparsam verwendet, da er recht teuer ist. Das Gewürz besteht aus den getrockneten Blütenstempeln einer Krokusart. Er wird von Hand geerntet, und man benötigt etwa eine halbe Million Blüten, um ein Kilo Safran zu gewinnen. Weltweit ist Spanien das größte Anbauland für Safran, es gibt jedoch auch einige Plantagen in Italien – vor allem in den Abruzzen und auf Sardinien. Die berühmteste Anwendung für Safran in der italienischen Küche ist das goldfarbene *Risotto milanese*, das traditionell zu *Ossobuco* serviert wird. Daneben verleiht Safran auch einigen Fischgerichten eine schöne Farbe und ein wundervolles Aroma.

In der italienischen Küche ist auch **Salbei** (*Salvia*) ein wichtiges Gewürz. So ergeben beispielsweise frische Salbeiblätter, sanft in Butter sautiert, eine einfache, aber aromatische Sauce zu *Ravioli* oder gebratener Kalbsleber. Auch bei *Saltimbocca* (einer Spezialität aus Kalbsschnitzeln mit Schinken und Salbei) spielen sie eine wichtige Rolle. Für verschiedene Füllungen werden Salbeiblätter außerdem mit anderen Kräutern gemischt. Salbei ist nicht sehr robust. Will man ihn also in kälteren Gegenden Europas anbauen, holt man den Topf im Winter am besten ins Haus.

Salz (*Sale*) ist wahrscheinlich der meistverwendete Geschmacksverstärker überhaupt. Zwar ist er selbst nicht pflanzlicher Herkunft, er spielt jedoch eine wichtige Rolle bei der Zubereitung von Gemüse (sowie ganz allgemein beim Kochen). Salz war das erste vom Menschen entdeckte Konservierungsmittel, und auch heute noch wird es weltweit zur Haltbarmachung von Fisch, Fleisch oder auch Kapern verwendet, deren Aroma für die italienische Küche sehr charakteristisch ist. Einst war Salz so bedeutend, dass es nur in speziellen Geschäften verkauft wurde, und auch der Begriff »Salär« ist vom lateinischen Wort *sal* für Salz abgeleitet. Meersalz wird hauptsächlich in Trapani auf Sizilien und teils auch auf Sardinien gewonnen. In sogenannten Salzgärten, flachen Meerwasserbecken, verdampft das Wasser in der Sonne, sodass nur das Salz übrig bleibt.

Seit einigen Jahren erfreut sich in Italien auch **Estragon** (*Dragoncello, Estragone*) einer recht großen Beliebtheit. Er ist Bestandteil von Saucen zu Hähnchen, Fisch oder Eiern, wird in Salate gegeben oder als Garnitur verwendet. Kombiniert mit gehacktem Knoblauch, verwandelt Estragon die bekannte *Sauce hollandaise* in eine *Sauce béarnaise*, die zu Steak oder gebratenem Fisch gereicht wird. Aufgrund seines intensiven Aromas sollte Estragon stets sparsam verwendet werden.

Thymian (*Timo*) ist robuster als Majoran, aber nicht unähnlich in Aussehen und Geschmack – und sogar etwas intensiver im Aroma. Am einfachsten zu finden ist wilder Thymian. Die kleinen Blätter sind frisch oder getrocknet erhältlich. Beide verwendet man für Marinaden, Saucen, Suppen, Füllungen, Brühen, zum Kochen von Hülsenfrüchten sowie für aromatisierende Kräutersträußchen (*Aromi*). Da Thymian ein recht intensives Aroma hat, sollte er sparsam dosiert werden.

NÜSSE

Nüsse sind die Früchte oder Samen verschiedener Bäume und Sträucher. Im Inneren ihrer harten Schale befindet sich der eigentliche Nusskern. Nüsse sind in Italien ebenso wichtig wie Obst und wie Früchte werden sie vor allem frisch gegessen oder getrocknet und konserviert. Nüsse sind eine sehr konzentrierte Nährstoffquelle und enthalten unter anderem viel Protein. Außerdem sind sie reich an wertvollen Fetten. Sinnvoll ist es jedoch, sie stets nur in kleinen Mengen zu kaufen, da Nussöle leicht verderblich sind und schnell ranzig werden. In einigen Rezepten der italienischen Küche spielen Nüsse die Hauptrolle, in anderen nur eine Nebenrolle, doch auf die eine oder andere Weise haben alle Nusssorten in Italien wirtschaftliche Bedeutung.

Die **Mandel** (*Mandorla*) ist verwandt mit Pfirsich und Aprikose und ein Import aus Zentralasien und China: Die Bäume gelangten vor Jahrhunderten über die Seidenstraße in den Mittelmeerraum und wurden in Spanien und Italien heimisch. Es gibt zwei Arten von Mandeln: Süß- und Bittermandel. Die Kerne der Bittermandel enthalten Spuren von Blausäure, weshalb weltweit vornehmlich Süßmandeln angebaut werden. In Italien wachsen Mandeln vor allem im Veneto, in Apulien, in Kampanien sowie auf Sizilien und Sardinien. Die Frucht besteht aus einer ledrigen Außenhaut, innerhalb derer sich eine harte Schale ausbildet, die den Samen, den Mandelkern, enthält.

Im Süden Italiens sowie im Nahen und Mittleren Osten werden unreife Mandeln roh gegessen, solange sie noch weich und grün sind und sich die innere harte Schale noch nicht entwickelt hat. In Sizilien presst man sie in diesem Stadium auch zur Herstellung von Mandelmilch (*Latte di mandorle*) aus. Aus getrockneten, gemahlenen Mandeln, Zucker und Eiweiß wird Marzipan (italienisch *Marzapane* oder *Pasta reale*, wie es auf Sizilien genannt wird) hergestellt, aus dem Süßigkeiten wie etwa Marzipanfrüchte ge-

formt werden. Marzipan verwendet man in Sizilien außerdem für Gebäck und Torten wie die *Cassata*. Aus Mandeln hergestelltes Nugat, das berühmte *Torrone mandorlato*, ist ebenfalls eine beliebte Spezialität. Gemahlene Mandeln ersetzen in vielen Kuchen-rezepten das Mehl, etwa bei der Herstellung von *Amaretti* (Mandelmakronen). Aus Mandeln wird zudem ein Öl gewonnen, das nicht nur in der Küche, sondern auch in Medizin und Kosmetik hochgeschätzt wird (es ist eine hervorragende Basis für Massa-geöl). Schon seit der Zeit der Römer werden Mandelschalen außerdem als Brennstoff genutzt – früher zum Befeuern von Ziegelöfen, heute eher in Biomasseanlagen. Nicht zuletzt verleihen Mandeln auch dem berühmten *Amaretto*-Likör sein Aroma.

In meiner Kindheit gab es eine Art von Maronen oder **Edelkastanien** (*Castagna*), die ich sehr liebte: Diese sogenannten *Castagne del prete* (Priesterkastanien) wurden in der Gegend um das Kloster Montevergine in Avellino verkauft. Die Kastanien wur-den zur Aufbewahrung an Schnüren befestigt und aufgehängt. Edelkastanien sind seit Jahrtausenden ein wichtiges Nahrungsmittel, vor allem für die Bergbevölkerung Norditaliens und des Apennins. Die Früchte des vermutlich aus Asien stammenden Kastanienbaums sind von einer stachligen Hülle umgeben. Die enthaltenen Kerne haben eine braun glänzende, feste Schale, unter der sich eine weitere Haut verbirgt. Edelkastanien sind die einzigen Nüsse, die Vitamin C enthalten. Sie sind zudem relativ fettarm und reich an Kohlenhydraten. Vor allem Letzteres ist ein Grund, weshalb sie seit jeher eine so wichtige Rolle in der *Cucina povera* (»Armeleuteküche«) gespielt haben. Die Kastanien werden, damals wie heute, frisch verarbeitet und geröstet, ge-braten oder gekocht – wie bei der *Caldallessa* oder *Ballotta*, ein Gericht aus gekochten Edelkastanien. Durch Trocknen kann man die vielseitigen Früchte haltbar machen und beispielsweise zu Kastanienmehl vermahlen. Dieses Mehl dient als Grundlage für eine Art Polenta-Porridge und sogar für Pasta. Eingeweichte getrocknete Edel-kastanien werden recht häufig verwendet, etwa in Suppen, Füllungen und als Ge-müsebeilage, oder fein gehackt, kombiniert mit Schlagsahne im berühmten Dessert *Montebianco* (Montblanc). Zudem kann man sie schälen und einfrieren. Nie werde ich die Marmelade vergessen, die meine Großmutter aus gerösteten Edelkastanien kochte: Sie schmeckte ähnlich wie *Marroni canditi*, die in Frankreich als *Marrons glacés* (ein Konfekt aus kandierten Kastanien) bekannt sind. Wenn Sie Kastanien selbst rösten – und nicht am Stand kaufen –, müssen Sie die glänzenden Schalen vorher einschnei-den, damit sie nicht im Ofen explodieren.

Die **Haselnuss** (*Nocciola*, *Avellana*) stammt von einem Strauch, der in der nördlichen Hemisphäre beheimatet ist. Haselnüsse werden in Süd- und Norditalien kultiviert – besonders in Kampanien. Die kampanische Provinzstadt Avellino verdankt ihrem be-rühmtesten Landwirtschaftserzeugnis sogar ihren Namen. Meine Großmutter, die dort lebte, hatte eine kleine Haselnussplantage, und in der Erntezeit war die Ausbeute so groß, dass sie ein ganzes Zimmer ihres Hauses beanspruchte! Ich erinnere mich noch gut an die Straßenfeste im Herbst, auf denen Haselnusskerne geröstet, durchstochen und wie eine Halskette aufgefädelt wurden.

Ebenso wie Mandeln werden auch Haselnüsse zu *Torrone* (Nugat) verarbeitet, doch in Italien kombiniert man sie hauptsächlich mit Schokolade. Die berühmte *Gianduja* aus Turin, ein Brotaufstrich aus Haselnuss und Schokolade, wurde schon zur Zeit Napoleons erfunden. Als die Stadt unter britischer Belagerung stand, streckte ein *Chocolatier* seine knappen Schokoladenvorräte mit gehackten Haselnüssen der Sorte *La tonda gentile della Langhe*. (Diese bekannte Sorte wächst in derselben Region wie die weißen Alba-Trüffeln, und man sagt, Trüffeln, die unter Haselnussbäumen gefunden werden, sind die besten.) Haselnussöl schmeckt köstlich in Salaten. Im Piemont stellt man außerdem den bekannten Haselnusslikör *Frangelico* her, der in Flaschen verkauft wird, deren Form einer Mönchskutte nachempfunden ist. Auch ich selbst verwende Haselnüsse sehr gerne und habe einige neue Rezepte mit den knackigen Nüssen entwickelt (siehe Seiten 120 und 248).

Die **Erdnuss** (*Arachide*) ist ein Mitglied der Familie der Hülsenfrüchte und damit genau genommen eigentlich gar keine Nuss. Ihren Namen verdankt sie der Tatsache, dass die Kerne in den Samenschoten unterirdisch heranreifen. Erdnüsse sind weltweit ein wichtiges Nahrungsmittel. Ursprünglich stammen sie aus Südamerika, in Italien werden sie hauptsächlich in Apulien und Kampanien angebaut. Man verarbeitet sie zu Gebäck und *Torrone* (Nugat), doch ihre Hauptverwendung ist eine arabisch anmutende Tradition im Süden Italiens: Dort isst man geschälte, geröstete Erdnüsse (ebenso wie **Lupinenkerne**, **Sonnenblumen**- und **Kürbiskerne**) beim *Passeggio*, dem Spaziergang vor dem Abendessen auf dem *Corso*, der örtlichen Hauptstraße. Auch Erdnussöl ist in vielen Küchen der Welt eine bekannte Zutat. Es hat einen hohen Rauchpunkt und kann so – im Gegensatz zu anderen Nussölen – auch zum Braten verwendet werden.

Mittelmeerkiefern oder Pinien, die Bäume, aus denen die **Pinienkerne** (*Pinoli*) gewonnen werden, sind ein prägender Bestandteil der italienischen Landschaft. In reifen Pinienzapfen sind unter jeder Schuppe zwei Samenkerne zu finden. Pinienkerne werden seit Jahrtausenden überall dort gegessen, wo die Bäume wachsen. So schätzten beispielsweise in Amerika bereits die Ureinwohner sie als Nahrungsmittel. Neben der europäischen und der amerikanischen Kiefer gibt es noch die Korea-Kiefer, deren Kerne deutlich größer sind. In Italien verwendet man Pinienkerne für Tartes und Kuchen, als Füllung für Braten, zum Verfeinern von Salaten und, wohl am bekanntesten, als eine der Hauptzutaten des berühmten ligurischen *Pesto*.

In Italien wächst auch die **Pistazie** (*Pistacchio*). Der Pistazienbaum ist typisch für den mediterranen Süden. Ihre beste Qualität erreichen Pistazien im Umland des Vulkans

Ätna, genauer gesagt in Bronte, dem ehemaligen Herzogtum Admiral Nelsons auf Sizilien. Der interessanteste Verwendungszweck für Pistazien ist sicherlich die *Mortadella* aus Bologna. Die hierin enthaltenen Pistazien sorgen zwar kaum für mehr Geschmack, dafür tragen sie aber zu einer ansprechenden Optik der aufgeschnittenen Wurst bei. Pistazien isst man geschält als Snack, wie Erdnüsse auf dem *Passeggio*, verwendet sie aber auch für Kuchen, Kekse, *Torrone* (Nugat), in Saucen sowie als Farbstoff und Aromazutat für die köstliche italienische Eiscreme. Pistazienöl hat ein sehr intensives Aroma und sollte daher nur vorsichtig zum Aromatisieren verwendet werden.

Zu guter Letzt zur **Walnuss** (*Noce*): Dieser Baum stammt ursprünglich aus Asien und wurde um das 15. Jahrhundert in Europa eingeführt. Walnüsse spielen in der italienischen Küche eine wichtige Rolle, und die besten kommen aus der Gegend von Sorrent in Kampanien. Die Früchte des Walnussbaums bestehen aus einer grünen Außenhülle, in der sich eine faltige braune Schale verbirgt, die während des Reifens verhärtet und den eigentlichen Nusskern mit seiner charakteristischen Form enthält, die an ein Gehirn erinnert. Ich verwende gerne »grüne« Walnüsse, die man schälen kann, während sie noch frisch und weich sind (bevor die Schale hart wird), und mit Brot isst. (In vielen Ländern werden sie auch eingelegt.) Ich mache daraus jedes Jahr *Nocino* (siehe Seite 253), einen Likör, den ich als Digestif serviere. Jede italienische Region hat ihren eigenen *Nocino*, doch die Emilia-Romagna ist dafür besonders berühmt, denn *Nocino* ist eine Spezialität aus Modena. Reife, getrocknete Walnüsse werden wegen ihrer runzligen Kerne geschätzt. Man kauft sie entweder noch in der Schale oder bereits geschält und verwendet sie gerne für die Zubereitung von Saucen. Die bekannteste ist die ligurische *Tocco de noce*, die verwendet wird, um *Pansôti al preboggion* (Ravioli mit Kräuterfüllung) zu verfeinern. Außerdem eignen sich Walnüsse beispielsweise für Kuchen und Torten, man kann sie aber auch einfach so essen. Ich verwende sie auch für meine *Mostarda*, die 12 Stunden lang gekocht wird. Nicht zuletzt schmeckt Walnussöl auch köstlich in Dressings.

PESTO ALLA GENOVESE
Ligurisches Basilikum-Pesto

Der Begriff »Pesto« ist eng mit der ligurischen Stadt Genua verknüpft (und umgekehrt). Die Pastasauce, die hauptsächlich aus Basilikum besteht, ist auf der ganzen Welt bekannt, und der Name wird mittlerweile auch für ähnliche Saucen gebraucht, die gar kein Basilikum enthalten. In Ligurien gibt es zwei Varianten dieser Sauce: Eine enthält Milch und ist milder, die andere nur Öl. *Pesto* kann als Aufstrich für *Crostini* und *Bruschetta* (belegte geröstete Brote) verwendet werden. Außerdem wird es als Sauce zu Gnocchi oder Pasta gereicht, und man kann einen Löffel *Pesto* in eine Suppe wie etwa eine *Minestrone* geben, um sie mit einem zusätzlichen Aroma zu bereichern.

Übrig gebliebenes selbst gemachtes *Pesto* lässt sich gut in Eiswürfelbehältern einfrieren und später wiederverwenden.

—100 g frische Basilikumblätter
—2 Knoblauchzehen, geschält und fein gewürfelt
—5–10 g grobes Meersalz
—40 g Pinienkerne
—40 g frisch geriebener Parmesan
—100 ml natives Olivenöl extra

Gewaschene, trocken geschüttelte Basilikumblätter, Knoblauch und Meersalz in einen großen Mörser geben. Die Zutaten mit dem Stößel grob zerkleinern. Die Pinienkerne dazugeben und alles zu einer feinen Paste verarbeiten.

Den Parmesan dazugeben, alles im Mörser weiter zerkleinern und nach und nach so viel Olivenöl beimischen, dass eine glatte Sauce entsteht.

FÜR 4 PERSONEN

ACCIUGHE CON SALSA VERDE
Anchovis mit grüner Kräutersauce

Salsa verde, die grüne Sauce aus dem Piemont, hat Petersilie zur Grundlage und wird vor allem zu *Bollito misto* (gemischtes gekochtes Fleisch) und Anchovisfilets gereicht. Das folgende Rezept ergibt eine recht große Menge, die Sie jedoch gut einige Tage im Kühlschrank aufbewahren können. Servieren Sie die Sauce zum Beispiel auch einmal als Vorspeise mit gutem Brot oder als Teil eines *Antipasto*!

Für die Sauce gewaschene, trocken geschüttelte Petersilie und Knoblauch sehr fein hacken. Essiggurken und geputzte Chilischote ebenfalls sehr fein hacken. Die gehackten Zutaten in einer Schüssel mischen.

Das Brot mit etwas Weißweinessig in eine zweite Schüssel geben und einige Minuten einweichen lassen. Die Flüssigkeit leicht ausdrücken und das eingeweichte Brot zur Petersilienmischung geben. So viel Olivenöl dazugeben, dass eine dickflüssige Sauce entsteht, und alles gut mischen.

Anchovisfilets mit *Salsa verde* in Schälchen anrichten und servieren.

ERGIBT CA. 450 GRAMM

—300 g Anchovisfilets in Olivenöl, abgetropft

GRÜNE KRÄUTERSAUCE
—400 g frische glatte Petersilie
—2 Knoblauchzehen, geschält
—2 Essiggurken
—1 kleine scharfe Chilischote
—50 g fein geriebenes frisches Weißbrot oder gewürfeltes Toastbrot
—etwas Weißweinessig
—etwas natives Olivenöl extra

Kräuter

ZUCCHINI ALLA SCAPECE
Eingelegte gebratene Zucchini

Der Name »*Scapece*« stammt höchstwahrscheinlich vom spanischen *Escabeche*, ein Gericht aus marinierten Zutaten. Die Neapolitaner lieben diese stark angebratenen Zucchinischeiben besonders – ob als Beilage zu gegrilltem Fleisch oder als *Antipasto*.

Die Zucchini waschen, trocken tupfen und quer in 5 Millimeter dicke Scheiben schneiden.

Das Olivenöl in einer großen Pfanne erhitzen und die Zucchinischeiben darin von beiden Seiten goldbraun und weich braten. Herausnehmen und auf Küchenpapier abtropfen lassen.

Die Zucchinischeiben in eine Servierschüssel geben. Mit Knoblauch, Öl und Essig mischen und mit Salz und Pfeffer würzen. Mit gehackter Minze bestreut servieren.

FÜR 4 PERSONEN

—500 g kleine Zucchini, von Blüten- und Stielansätzen befreit
—½ EL natives Olivenöl extra und etwas Olivenöl zum Braten
—2 Knoblauchzehen, geschält und in dünne Scheiben geschnitten
—1 EL Weißweinessig
—Salz
—frisch gemahlener Pfeffer
—2 EL frische Minzeblätter, fein gehackt

NODINO DI VITELLO, BURRO E SALVIA
Kalbskotelett mit Salbeibutter

Mir war nie klar, was es mit dem Namen »*Nodino*« (wörtlich: Knötchen) auf sich hat. Ein *Nodino* ist ein recht dünnes aus den Rippen geschnittenes Kotelett mit Knochen, jedoch kein Filet, denn dieses ist deutlich dicker. Der Fleischschnitt und das Rezept sind sehr charakteristisch für Norditalien, insbesondere für das Piemont. Aromatisiert wird ohne Knoblauch, nur mit Butter und Salbei – ein sehr puristisches, einfaches Gericht.

—4 Kalbskoteletts (à 250 g,
   mit Knochen)
—Salz
—frisch gemahlener Pfeffer
—etwas Mehl zum Bestäuben
—50 g Butter
—2 EL frische Salbeiblätter

Die Koteletts in leicht mit Salz und Pfeffer gewürztem Mehl wenden.

Die Butter in einer großen Pfanne zerlassen und die Koteletts sowie gewaschene, trocken geschüttelte Salbeiblätter hineingeben. Die Koteletts 10 bis 15 Minuten behutsam braten, bis sie außen gebräunt und innen fast durchgegart, also noch leicht rosa sind.

Die Kalbskoteletts auf Teller verteilen und mit der braunen Salbeibutter übergießen. Mit gekochten Kartoffeln, Bratkartoffeln oder Kartoffelpüree und eventuell etwas Blattspinat als Beilage servieren.

FÜR 4 PERSONEN

Kräuter

MERLUZZO CURATO ALL'ANETO
Kabeljau in Dillmarinade

Dill oder *Aneto*, wie er in Italien heißt, war noch vor einigen Jahrhunderten in der italienischen Küche häufiger zu finden und erfreut sich auch heute wieder zunehmender Beliebtheit. Der schwedische *Gravad lax* oder *Gravlax* ist ein hervorragendes Beispiel, wie sich Fisch mithilfe einer Trockenmarinade, auch Beize genannt, haltbar machen lässt. In diesem Rezept verwende ich statt Lachs allerdings Kabeljau, der mit seinem sehr reinen, frischen Geschmack eine exzellente Vorspeise ergibt.

Jeweils die Hälfte von Salz, Zucker und Dill in eine große Keramik- oder Edelstahlform geben. Senf und Meerrettich mischen. Den Fisch auf beiden Seiten damit einreiben und mit reichlich Pfeffer bestreuen. Den Fisch in die Form legen und die restliche Hälfte Salz, Zucker und Dill darübergeben. Mit Alufolie abdecken und 2 Tage im Kühlschrank durchziehen lassen.

Den Kabeljau in dünne Scheiben schneiden und mit gekochten Kartoffeln oder Toastbrot servieren.

FÜR 4 PERSONEN

— 60 g Salz
— 60 g brauner Zucker
— 2 Bund frischer Dill, fein gehackt
— 2 TL Englischer Senf
— 1 EL frisch geriebener Meerrettich (nach Geschmack)
— 500 g frischer Kabeljau, am Stück gehäutet und entgrätet
— 1 EL grob gemahlener Pfeffer

SALSICCIE FATTE A MANO CON FINOCCHIO
Hausgemachte Würste mit Fenchel

Italienische Würste sind eine Klasse für sich. Man denke etwa an diejenigen aus der umbrischen Stadt Norcia, die bekannt für Schweine- und Wildschweinefleischprodukte ist, oder die herrlich frischen *Lucanica*-Würste. In diesem Rezept bereite ich Würste aus Schweinefleisch selbst zu und würze sie mit Fenchelsamen – eine traditionelle Kombination, wie sie auch in der toskanischen Fenchel-Salami zu finden ist. Sie können die Würste jedoch auch mit jeder anderen Fleischsorte – wie etwa Wildschwein-, Lamm-, Rind-, Kalb-, Hühner- oder Truthahnfleisch – zubereiten und sie ganz nach eigenem Geschmack würzen, beispielsweise mit anderen Gewürzen oder frischem Salbei.

—1 kg Schweinehackfleisch
—1 TL rote Chilischoten, gehackt
—2 Knoblauchzehen, geschält und zerdrückt
—1 TL Fenchelsamen
—100 ml Rotwein
—Salz
—frisch gemahlener Pfeffer
—4–5 EL natives Olivenöl extra

Schweinehackfleisch, Chili, Knoblauch, Fenchelsamen und Wein in eine Schüssel geben und mit Salz und Pfeffer würzen. Alles gut vermischen und die Mischung in zwölf Portionen teilen. Jede Portion mit den Händen zu einer Wurst rollen.

Olivenöl in einer Pfanne erhitzen und die Würste etwa 10 Minuten bei mittlerer Hitze auf allen Seiten goldbraun braten. Dazu passen Polenta, Kartoffelpüree oder Nudeln. Auch Paprika- oder Tomatensauce oder *Salsa verde* können dazu serviert werden.

FÜR 6 PERSONEN

Kräuter

245

MARZAPANE FRESCO
Frisches Marzipan

Zwischen gekauftem und selbst gemachtem Marzipan besteht ein immenser Unterschied. Letzteres ist viel verführerischer und einfach köstlich. Für einen stärkeren Mandelgeschmack können Sie ein paar Aprikosenkerne (online oder im Asialaden erhältlich) oder etwas flüssigen Mandelextrakt dazugeben.

Im italienischen Süden wird Marzipan auch *Pasta reale* genannt, die »königliche Paste«, was zeigt, wie sehr es dort geschätzt wird. Auf Sizilien zum Beispiel modelliert man Früchte aus Marzipan und bemalt sie in realistischen Farben. Man kann daraus auch kleine Formen – wie etwa Tiere oder Männchen – ausstechen und im vorgeheizten Backofen etwa 15 Minuten backen. Nach dem Backen sind sie innen noch schön weich. Marzipan lässt sich auch verwenden, um eine sizilianische *Cassata* – die berühmte Torte aus Ricotta, Obst und Biskuitteig – einzudecken.

Die Mandeln in eine Schüssel geben und mit kochendem Wasser übergießen. 5 Minuten einweichen lassen. Über einem Sieb abgießen, abtropfen lassen und die Mandeln einzeln aus den Häutchen drücken.

Die Mandeln in einem Standmixer nicht zu fein hacken. In eine Schüssel geben, mit Puderzucker mischen und Eischnee behutsam unterheben. Alles vorsichtig vermischen, bis eine glatte Paste entsteht.

Marzipan bis zur Weiterverwendung in den Kühlschrank stellen, jedoch nicht länger als 1 Tag.

ERGIBT CA. 1,5 KILOGRAMM

- 1 kg ungehäutete Mandelkerne
- 400 g Puderzucker
- 4 mittelgroße Eiweiß, steif geschlagen

MARMELLATA DI CASTAGNE
Kastanienmarmelade

Meine Großmutter kochte diese Marmelade jeden Herbst und hielt sie strengstens unter Verschluss, damit wir Kinder diesen Vorrat nicht plünderten. Die Marmelade war so köstlich, dass wir einfach nicht widerstehen konnten ... Sie schmeckte ungefähr wie *Marrons glacés* (ein Konfekt aus kandierten Kastanien). Die Marmelade wird mit dem Löffel direkt aus dem Glas gegessen. Als Brotaufstrich eignet sie sich nicht, da ihre Textur zu mehlig ist. Man könnte sie auch als Füllung für süße Ravioli aus Mürbeteig oder Pastateig verwenden, wenn man sie brät und nicht kocht. Nach Geschmack können Sie auch etwas Marmelade mit Schlagsahne als Dessert servieren, einfach köstlich!

In einem großen Topf ausreichend leicht gesalzenes Wasser zum Kochen bringen und die Kastanien und Lorbeerblätter hineingeben. Etwa 30 Minuten köcheln lassen und über einem Sieb abgießen, abtropfen und abkühlen lassen.

Die Kastanien schälen, dabei auch die innere Haut möglichst vollständig entfernen. Die Kastanien in einer Küchenmaschine fein zerkleinern und durch ein Sieb passieren, um ein sehr feines und trockenes Püree zu erhalten.

Die Vanilleschote längs aufschlitzen, das Mark herausschaben und in einen mittelgroßen Topf geben. Vanilleschote, Zucker und 200 Milliliter Wasser hinzufügen und bei mittlerer Hitze kurz aufkochen lassen. In etwa 20 Minuten zu einem Sirup einköcheln lassen.

Die Vanilleschote herausnehmen und das Kastanienpüree zum Sirup geben. Unter gelegentlichem Rühren etwa 30 Minuten köcheln lassen. Die Marmelade in sterilisierte Gläser füllen (siehe Seite 76). An einem kühlen Ort und luftdicht verschlossen, lässt sie sich etwa 1 Monat aufbewahren.

ERGIBT CA. 2 KILOGRAMM

—Salz
—1,25 kg frische große Edelkastanien
—2 frische Lorbeerblätter
—1 Vanilleschote
—1,25 kg Zucker

Nüsse

CROCCANTE DI NOCCIOLE E PISTACCHI
Haselnuss-Pistazien-Krokant

Dies ist vielleicht die beliebteste Zubereitungsart für Haselnüsse in Italien: in einer festlichen Süßigkeit, die man zur Weihnachtszeit in Nord und Süd überall in den Läden findet. Man kann das Krokant auch aus Mandeln herstellen oder, wie hier, aus einer Nussmischung. Es schmeckt köstlich als Dessert nach einer Mahlzeit oder einfach zum Naschen zwischendurch.

Zwei Backbleche mit Reispapier auslegen.

Zucker und Honig in einen großen, schweren Topf geben und langsam schmelzen lassen. Die Hitze leicht erhöhen und die Mischung zu einem hellbraunen Karamell kochen. Orangenschale dazugeben und etwa 1 Minute mit einem Holzlöffel umrühren. Haselnüsse und Pistazien hinzufügen und weiter umrühren, bis die Nüsse mit dem Karamell überzogen sind.

Die Mischung auf die Backbleche geben und mithilfe der Zitronenhälften ca. 2,5 Zentimeter dick verstreichen. (An den Zitronen klebt, im Gegensatz zu einem Teigspatel aus Holz oder Kunststoff, nichts an.)

Die Masse noch warm nach Geschmack in Stücke schneiden, beispielsweise in 4 Zentimeter große Quadrate.

Nach dem Abkühlen das *Croccante* in Stücke brechen und luftdicht verschlossen in einem Glas aufbewahren.

ERGIBT CA. 1 KILOGRAMM

—2–3 Blätter Reispapier
—400 g feiner brauner Zucker
—100 g flüssiger Honig
—fein abgeriebene Schale von 1 unbehandelten Orange
—250 g geschälte Haselnusskerne
—250 g geschälte Pistazienkerne
—1 unbehandelte Zitrone, halbiert

TOCCO (SALSA) DI NOCE
Ligurische Walnusssauce

Diese Sauce ist typisch für Ligurien, wo man sie *Tocco di noxe* nennt und zu verschiedenen Arten von Ravioli serviert, besonders zu *Ravioli* mit frischen Kräutern aus den Hügeln Liguriens. Sie kann aber auch als Brotaufstrich oder als Sauce für andere Pastasorten wie *Tagliatelle* verwendet werden, nach Geschmack auch gemischt mit *Pesto*. Als Pastasauce wird sie mit Parmesan bestreut serviert.

Joghurt über einem Sieb abtropfen lassen, damit möglichst viel Flüssigkeit abläuft und der Joghurt möglichst dickflüssig und fest ist. Thymian waschen und trocken schütteln.

Alle trockenen Zutaten in einem Mörser zu einer Paste zerkleinern oder in einer Küchenmaschine fein hacken.

Nach und nach den Joghurt untermischen. Mit Salz und Pfeffer abschmecken und Olivenöl unterrühren. Die Sauce soll dickflüssig und glatt sein.

Sie lässt sich einige Tage im Kühlschrank aufbewahren.

FÜR 4–5 PERSONEN

—4 EL griechischer Joghurt
—1 TL frische Thymianblätter
—180 g Walnusskerne, blanchiert und gehäutet
—2–3 EL fein geriebenes frisches Weißbrot
—1 Knoblauchzehe, geschält und fein gewürfelt
—Salz
—frisch gemahlener Pfeffer
—2 EL natives Olivenöl extra

Nüsse

NOCINO O NOCILLO
Walnusslikör

Ob in Modena (Emilia-Romagna) oder in Neapel (Kampanien und Amalfi-Küste) – überall werden Sie diesen schmackhaften Digestif finden, der vor allem bei festlichen Anlässen am Ende einer Mahlzeit gereicht wird. Dafür benötigen Sie allerdings grüne Walnüsse, die noch nicht voll ausgereift sind. Traditionell werden sie am 23. Juni gepflückt, an *San Giovanni* (Johannistag), wenn dem Volksglauben nach die Hexen besonders wohlgesonnen sind.

Auch der hierfür verwendete Alkohol ist in einigen Ländern nicht ohne Weiteres zu bekommen. Entweder Sie besorgen ihn (in der trinkbaren Variante) in der Apotheke oder Sie kaufen ihn wie ich in Italien und nehmen ihn im Auto mit nach Hause.

Walnüsse, Alkohol und Gewürze in ein großes Glasgefäß geben. Mit einem Deckel luftdicht verschließen und die Mischung an einem warmen, sonnigen Ort 40 Tage durchziehen lassen. Der Alkohol sollte eine dunkelbraune bis schwarze Farbe haben.

Die Flüssigkeit durch ein Sieb abfiltern.

Den Zucker in einem Topf oder Krug in 1 Liter warmem Wasser auflösen. Die Lösung abkühlen lassen und zur Walnussmischung geben. Alles gut vermischen und den Likör in sterilisierte Flaschen abfüllen. Der Alkoholgehalt liegt etwa bei 50 bis 60 Prozent. Soll der Likör schwächer sein, mehr Wasser dazugeben.

Den Likör nach einem besonderen Mahl oder einfach zwischendurch als Stimmungsmacher in kleinen Gläsern servieren.

ERGIBT CA. 2 LITER

— 1,5 kg grüne Walnüsse, vor Ausbildung des Nusskerns geerntet und geviertelt
— 1 ½ l reiner Alkohol (95 %)
— 1 TL frisch geriebene Muskatnuss
— 1 TL Gewürznelkenpulver
— 1 Stange Zimt
— 500 g Zucker

Nüsse

253

PAN SPEZIATO (PANPEPATO)
Gewürzbrot

Dieses Gewürzbrot aus der Toskana ist ein Relikt aus dem Mittelalter, als man importierte exotische Gewürze in großen Mengen für herzhafte und süße Gerichte verwendete. Das Rezept erinnert an die Gebäckspezialität *Panforte*, hat jedoch wegen des Kakaogehalts eine dunklere Farbe. In Umbrien nennt man es *Panpepato* (Pfefferbrot), da es so scharf und würzig ist. In Italien gönnen wir uns nach dem Essen gerne noch Obst und Süßigkeiten, und dafür ist dieses Gewürzbrot perfekt.

Die Rosinen in eine kleine Schüssel geben und mit dem Wein bedecken. Etwa 30 Minuten einweichen lassen.

Backofen auf 160°C vorheizen. Ein Backblech mit Butter einfetten.

Alle Zutaten, auch die Rosinen mitsamt der Einweichflüssigkeit, in einer Schüssel vermischen. So viel Mehl dazugeben, dass ein relativ fester Teig entsteht.

Daraus mit angefeuchteten Händen zwei runde Brotlaibe formen und auf das gefettete Backblech setzen. Im vorgeheizten Backofen etwa 30 Minuten backen und auf einem Kuchengitter abkühlen lassen.

Das Brot in Scheiben schneiden und zum Kaffee oder zu einem Likör oder Dessertwein nach einer Mahlzeit servieren.

ERGIBT 1 BROTLAIB FÜR 6–8 PERSONEN

— 50 g Muskatellerrosinen
— 2–3 EL *Vin Santo* (toskanischer Dessertwein)
— etwas Butter für das Backblech
— 80 g Mandelkerne, blanchiert, abgezogen und geröstet
— 80 g Haselnusskerne, blanchiert und abgezogen
— 80 g Walnusskerne, blanchiert und gehäutet
— 50 g Pinienkerne
— 80 g edelbitteres Kakaopulver
— 100 g kandierte Zitrusfrüchte, fein gewürfelt
— je ½ TL Zimtpulver, Korianderpulver und frisch geriebene Muskatnuss
— 1 EL frisch gemahlener Pfeffer
— 180 g flüssiger Honig
— 30 g Mehl

GELATO DI PISTACCHIO
Pistazien-Eiscreme

Die Dogen von Venedig haben viele Gewürze nach Italien eingeführt, da sie im gesamten Mittelmeerraum Handel trieben. Diese Eiscreme wird aus Pistazienkernen hergestellt und ist mit Kardamom aromatisiert – inzwischen kein sehr gängiges Gewürz mehr in Italien, aber zur damaligen Zeit durchaus populär.

Die Milch in einem Topf zum Kochen bringen, den Kardamom dazugeben und alles 5 bis 10 Minuten köcheln lassen. Abkühlen lassen und abseihen.

In einer separaten Schüssel Eigelbe, Honig und Zucker cremig rühren. Nach und nach die aromatisierte Milch unter Rühren dazugeben. Die Mischung im Wasserbad etwa 15 Minuten erhitzen (siehe Seite 110). Gelegentlich umrühren, damit sich keine Klümpchen bilden. Mit Frischhaltefolie abdecken und über Nacht in den Kühlschrank stellen.

Am nächsten Tag die Mischung etwa 30 Minuten in der Eismaschine verarbeiten. Pistazien in einem Standmixer zerkleinern. In einer Schüssel Crème double fast steif schlagen; sie soll noch relativ weich sein. In den letzten 5 Minuten Pistaziencreme, geschlagene Crème double und grüne Lebensmittelfarbe zu den restlichen Zutaten in die Eismaschine geben.

Alternativ die Eiscrememischung in einer Frischebox mit Deckel etwa 1 Stunde ins Gefrierfach stellen, mit einer Gabel kräftig durchrühren und erneut einfrieren. Den Vorgang zwei- oder dreimal wiederholen. Beim letzten Mal Crème double, Pistazien und Lebensmittelfarbe hinzufügen und die Eiscreme im Gefrierfach fest werden lassen.

Die Eiscreme in kleine Schälchen geben und mit grob gehackten Pistazienkernen bestreut servieren. Dazu passen Polenta-Kekse (siehe Seite 210).

FÜR 6 PERSONEN

—500 ml Milch
—1 EL Kardamompulver
—5 mittelgroße Eigelb
—50 g flüssiger Honig
—150 g Zucker
—100 g Pistazienkerne, geschält, und einige Pistazienkerne, grob gehackt, zum Bestreuen
—150 g Crème double
—etwas grüne Lebensmittelfarbe

PILZE UND TRÜFFELN

Ich habe bereits zwei Bücher über mein Lieblingsthema geschrieben: Die von mir so hoch geschätzten *Fungi*, essbare Pilze und Trüffeln, sind in der Tat ein weites Feld. Denn es gibt mindestens 200.000 verschiedene *Fungi*, und die Pilzexperten entdecken jährlich immer neue Arten. Die Welt der Pilze ist also enorm vielfältig.

Der Stoffwechsel der *Fungi* basiert nicht wie bei anderen Pflanzen auf Sonnenlicht. Sie besitzen kein Chlorophyll, das mithilfe von Sonnenenergie Fotoysnthese betreibt. Stattdessen beziehen *Fungi* ihre Nährstoffe vollständig von anderen lebenden Organismen oder aus sich zersetzendem oder totem organischem Material. Ohne sie könnten wir gar nicht existieren, denn die Aufgabe vieler Pilze ist, der Natur zurückzugeben, was sie hervorbringt. Beim Abbau von toter Materie spielen Pilze eine wichtige Rolle, da sie zur Zersetzung beitragen, und als Nebenprodukt ihrer nutzbringenden Säuberungsarbeit liefern sie dem Boden außerdem Nährstoffe und schaffen so die Lebensbedingungen für neue Generationen von *Fungi* und anderen Pflanzen. Einige Pilze tragen auch zu unserer Ernährung bei. Dies trifft nicht nur auf die Pilze zu, die wir direkt verzehren. So entstehen beispielsweise Wein und Bier durch die Interaktion von Pilzen und Zucker, und auch das Aufgehen von Brotteig ist einem Pilz, und zwar der Hefe, zu verdanken. Durch die Aktivität von Pilzen wird auch Milch zu Joghurt. Allerdings gibt es auch Pilze, deren Aktivität weniger angenehme Auswirkungen hat. So greifen etwa einige Pilzarten lebende Bäume oder Pflanzen an und töten sie. Das Ulmensterben beispielsweise wird durch einen mikroskopisch kleinen Pilz verursacht, der durch Käfer übertragen wird.

Was an dieser Stelle jedoch interessant ist, sind Pilze, die einen Fruchtkörper besitzen, den wir sammeln und essen können. Die meisten kaufen Pilze wahrscheinlich im Gemüsegeschäft oder im Supermarkt, und die Anzahl dort erhältlicher Sorten steigt kontinuierlich an. Wissenschaft und Industrie ist es inzwischen gelungen, die Sporen (Samen) einiger Wildpilze zu isolieren und sie in großen Mengen zu züchten. Einige von Ihnen werden vielleicht die Möglichkeit haben, sich in den Wäldern und Wiesen selbst auf Pilzsuche begeben zu können. Das Pilzesammeln ist eine meiner größten Freuden – dicht gefolgt vom anschließenden Pilzeessen. Der Geschmack von Wildpilzen ist meiner Meinung nach dem von Kulturpilzen bei Weitem überlegen.

Egal jedoch, ob Wild- oder Kulturpilze – schälen sollten Sie sie nie. Diese Methode ist zum einen veraltet, zum anderen ist gerade die Außenhaut der Geschmacksträger der Pilze. Falls die Pilze etwas verschmutzt sind, sollten Sie sie einfach mit einer weichen Bürste säubern. Wenn es sich vermeiden lässt, sollten Sie Pilze auch nicht waschen, da sie enorme Mengen Wasser absorbieren und dadurch schwammig werden und an Geschmack verlieren. Meist genügt es, sie einmal mit einem feuchten Tuch abzuwischen.

KULTURPILZE

In Fernost begann man vermutlich schon im Jahr 600 n. Chr. damit, einige Pilzsorten zu züchten. Diese ersten Kulturpilze sind auch heute noch hauptsächlich im Fernen Osten zu finden, darunter *Auricularia polytricha* (Ohrlappenpilze), *Flammulina velutipes* (Enoki-Pilze) und *Lentinula edodes* (Shiitake-Pilze). **Ohrlappenpilze** werden auf verrottendem Holz gezüchtet. Meistens werden sie getrocknet. Sie lassen sich jedoch leicht wieder rehydrieren. Die Chinesen verwenden sie nicht nur als Nahrungsmittel, sondern auch in der Medizin. Die winzigen weißen **Enoki-Pilze** wachsen in großen Ansammlungen an Bäumen und gelangen in dieser Form auch in den Verkauf. Sie sind so dekorativ, dass ich sie gerne roh verwende, etwa in Salaten und Suppen, als Geschmacksgeber und als Garnitur. **Shiitake-Pilze** sind vielleicht die bekanntesten unter den exotischen Pilzen aus Fernost. In Form und Aussehen ähneln sie Steinpilzen, haben aber einen völlig anderen Geschmack. In Japan und China werden sie hochgeschätzt und sind sowohl frisch als auch getrocknet erhältlich.

Zu den fernöstlichen Kulturpilzen, die das ganze Jahr über erhältlich sind, zählt auch der **Austernpilz** (*Pleuroto, Gelone, Fungo ostrica*). Es gibt verschiedene *Pleurotus*-Arten, die sogenannten Seitlinge. Der Austernpilz *P. ostreatus* mit seiner austernförmigen Kappe ist der bekannteste. In Deutschland wurde er während des Zweiten Weltkriegs in großen Mengen angebaut. Wild wachsen die Pilze auf verrottenden Baumstümpfen in den verschiedensten Farben – von Gelb bis Rosa. Kultiviert werden sie auf speziellem Kompostsubstrat. Der letzte Neuzugang in der *Pleurotus*-Familie ist der **Kräuterseitling** oder **Königsausternpilz** (*P. eryngii*). Er wurde aus dem italienischen Wildpilz *Cardoncello* gezüchtet, der in Apulien wächst. Diese Pilze werden recht groß und fleischig und lassen sich daher gut in Scheiben schneiden. Ich mag sie am liebsten paniert, also in Mehl, Ei und Paniermehl gewendet, und gebraten. Man kann sie auch in Gemüsegerichte wie *Lasagne* oder *Timbale* (kleine Pasteten) geben.

In Japan und China werden die oben genannten (und andere) Pilze in großem Stil gezüchtet und sehr häufig in der Küche verwendet. Der feinste Pilz von allen ist für Japaner jedoch

der **Matsutake** (*Tricholoma matsutake*), was vermutlich seiner schönen Textur zu verdanken ist. Er wächst wie eine Trüffel in Symbiose mit bestimmten Baumwurzeln und nicht wie seine Verwandten, die sich von toter oder verrottender Materie ernähren. Daher ist er sehr schwierig zu kultivieren und entsprechend schwer erhältlich, was wohl seinen Preis von bis zu 2000 Euro pro Kilogramm erklärt!

Bei all diesen Pilzen handelt es sich um exotische Kultursorten, aber wir dürfen auch unsere vertrauteren westlichen Pilzarten nicht vergessen. *Agaricus bisporus* etwa ist ein kultivierter Verwandter des wild wachsenden Wiesen-Champignons (*A. campestris*). Er wird bereits seit dem 17. Jahrhundert in Europa gezüchtet, damals vor allem in Höhlen, in der Nähe von Bath in England und bei Paris in Frankreich. In Paris wurden sie so zahlreich angebaut, dass kleinere Exemplare auch heute noch als *Champignons de Paris* bezeichnet werden. Zuchtchampignons gibt es in verschiedenen Größen. Die handelsüblichen kleinen **Champignons** haben eine geschlossene runde Kappe, die entweder weiß oder braun gefärbt ist. Bei flachen, bereits geöffneten Pilzkappen sind die braunen Lamellen deutlich sichtbar. Die Pilze sind extrem vielseitig zuzubereiten und können im Ganzen paniert, gebraten, gedämpft oder gegrillt, aber auch in Scheiben geschnitten für Saucen verwendet werden. Der als **Portobello** bezeichnete Zuchtchampignon hat eine geöffnete Kappe und ist eine Erfindung der Industrie, denn dabei handelt es sich um nichts anderes als einen *A. bisporus*, den man weiterreifen lässt. Meist werden diese Pilze gegrillt oder gefüllt und in der Pfanne oder im Ofen gebraten.

WILDPILZE

Das Erste, was es bei Wildpilzen zu erwähnen gilt, ist, dass Sie sich stets sicher sein müssen, was Sie sammeln und was Sie mitnehmen. Denn viele Pilze sind hochgiftig! Wenn Sie selbst kein Pilzexperte sind, sollten Sie eine Beratung konsultieren oder an einer geführten Pilzwanderung teilnehmen. Achten Sie außerdem immer darauf, natürliche Wildpilzvorkommen nicht zu zerstören: Schneiden Sie die Pilze stets vorsichtig ab und ziehen Sie sie auf keinen Fall aus dem Boden heraus, denn nur so bleibt das Myzel (das unterirdische Geflecht, aus dem die Fruchtkörper wachsen) so weit wie möglich intakt.

Der **Wiesen-Champignon** (*Agaricus campestris*, italienisch: *Prataiolo*), der Vorfahr unserer Zuchtchampignons, war früher weitaus häufiger zu finden. Doch mit der Ablösung von Pferdekutschen durch das Auto fehlt den Wiesen und Feldern inzwischen der Dünger, der diese Pilze ehemals zu ihrem bereitwilligen Wachstum angeregt hat. Ebenso wie ihren engen Verwandten, den weißen Anis-Champignon (*A. arvensis*), gibt es sie jedoch auch heute noch. Nachfolgende Sorten werden kaum verkauft,

doch in einigen Gemüsegeschäften finden Sie in der Saison wild gesammelte **Stein-pilze** (*Boletus edulis*), **Pfifferlinge** (*Cantherellus cibarius*) und **Morcheln** (*Morchella elata*). Alle drei Pilzarten lassen sich nicht kultivieren.

Der **Steinpilz** ist mein Favorit unter den Wildpilzen. In Italien nennt man ihn *Porcino* (Schweinchen). Sein Geschmack ist einfach herrlich, und ich verwende Steinpilze auf verschiedenste Weise – roh, in dünne Scheiben geschnitten mit einem einfachen Dressing, in der Pfanne oder im Ofen gebraten, eingelegt … Sie lassen sich auch gut trocknen. Wenn man die getrockneten *Funghi porcini* in heißem Wasser einweicht und hackt, kann man damit den Geschmack von Pilzgerichten wie etwa Champignon-Risotto oder *Tagliatelli con funghi* (Pilz-Tagliatelle) intensivieren. Das Einweichwasser sollte man dabei mitverwenden, denn es steckt voller Aroma.

Der **Pfifferling** (*Cantarello*) wächst fast überall in Europa und Nordamerika. In meinem früheren Restaurant bezog ich die Pfifferlinge aus Schottland. Mit ihrer leuchtend gelben Trompetenform zählen sie zu den schönsten Pilzsorten, und ihr Duft erinnert an Aprikosen. Mit ihrer Farbe, ihrem Aroma und ihrer Textur leisten sie zu vielen Gerichten einen wundervollen Beitrag. **Morcheln** (*Spugnola, Gialla, Elata*) sind alljährlich die ersten Pilze, die aus dem Boden schießen – sie wachsen bereits im Frühling und nicht erst im Herbst. Mit ihrer schwammartigen und konischen statt runden Kappe sehen sie recht außergewöhnlich aus. Sie wachsen fast überall in Europa, in Nord- und Südamerika und in Nordasien. Sie können frisch zubereitet werden, sind aber auch getrocknet sehr beliebt, da sie sich gut einweichen und so weiterverwenden lassen.

Drei weitere Wildpilze, denen Sie womöglich begegnen werden und die wirklich köstlich sind, sind der **Kaiserling** (*Amanita caesarea*, italienisch: *Ovolo*), der **Hallimasch** (*Armillaria mellea* oder *chiodino, Famigliola buona*) und die **Toten-** oder **Herbsttrompete** (*Craterellus cornucopioides* oder *Trombetta dei morti, Craterello*). Sie finden bei mir Rezepte für ihre Verwendung und vielleicht haben Sie ja das Glück, welche zu finden. Falls nicht, können Sie stattdessen aber auch andere Pilzsorten verwenden, die Sie gerade zur Hand haben.

TRÜFFELN

Bei den Trüffeln, den »Königen der Pilzwelt«, wächst der Fruchtkörper unter der Erde, und das auch nur in Symbiose mit bestimmten Baumarten. Deshalb lassen sie sich nur sehr schwer bis unmöglich züchten, was auch ihre Seltenheit und den hohen Preis erklärt. Überall auf der Welt gibt es Hunderte trüffelähnliche Pilze der Gattung *Tuber* – von China bis nach Kalifornien –, doch nur drei besitzen den Geschmack und das Aroma, das ihnen den ersten Rang im Universum der Pilze eingetragen hat.

Die beste von allen ist die **weiße Trüffel** (*Tuber magnatum*, italienisch: *Tartufo bianco*), die ausschließlich in Italien wächst. Die meisten stammen aus dem Piemont, rund um die Stadt Alba – daher auch der Name Alba-Trüffel. Weniger intensiv duftende weiße Trüffeln findet man andernorts in Italien – selbst weit im Süden wie in Kalabrien. Die weiße Trüffel sieht aus wie eine Kartoffel, wiegt etwa 50 Gramm (wobei es auch größere Exemplare gibt) und wächst in Symbiose mit Eiche, Haselnuss, Pappel und Buche. Das Fleisch ist fest, bröckelig und stark duftend. Die Italiener verwenden weiße Trüffeln, sehr dünn geschnitten oder gerieben, zum Aromatisieren verschiedener Gerichte – etwa zu Pasta oder einem exquisiten Rindfleisch-*Carpaccio*. Manchmal bewahre ich sie im Kühlschrank neben den Eiern auf. Dadurch nehmen diese das feine Aroma der Trüffeln auf, was herrlich duftende Rühreier ergibt! Um weiße Trüffeln zu finden, benötigt man viel Glück, da sie sich nicht züchten lassen (heutzutage spürt man sie mit Hunden auf, früher mit Schweinen). Deshalb sind sie ein hochbegehrter Schatz und erzielen Preise von bis zu 10.000 Euro pro Kilogramm!

Die Franzosen lieben ihre schwarze **Périgord-Trüffel** (*Tuber melanosporum*, italienisch: *Tartufo nero* oder *Tartufo invernale*), die sie für die beste Trüffelsorte halten. Sie ist die einzige Sorte, die in Frankreich wächst. Neben dem Périgord ist sie auch in der Provence zu finden, aber auch in Italien, in Umbrien und Norcia (in den Marken), und an anderen Orten der Welt. Sie wächst in Symbiose mit Eichen. Der unterirdisch wachsende Fruchtkörper ist schwarz und hat eine raue Haut und das Innere verströmt einen wundervollen Duft. Die Franzosen verwenden Trüffeln etwas anders als die Italiener: Oft legen sie sie in Öl oder Entenschmalz ein, das dadurch ein wunderbares Aroma erhält. Sie hobeln sie auch in dünnen Spänen über Kartoffel- und Eiergerichte oder Salate. Trüffelspäne machen sich auch wundervoll unter der Haut von gebratenem Hähnchen oder Truthahn.

T. melanosporum kann auch kultiviert werden, und in einigen Gegenden werden die Wurzeln junger Eichen vor dem Einpflanzen mit Trüffelsporen behandelt. In Neuseeland zum Beispiel werden schwarze Trüffeln erfolgreich in ehemaligen Weinbergen angebaut. Und in Australien war ich einmal Schirmherr eines Trüffelfestivals, wo mein Freund Peter Marshall vor etwa 15 Jahren ein paar Hundert Haselnusssträucher

gepflanzt hatte, deren Wurzeln mit den Sporen von *T. melanosporum* geimpft waren. Inzwischen läuft seine Trüffelproduktion in Ostaustralien äußerst zufriedenstellend. Es war ein fantastisches Erlebnis, seine beiden auf die Trüffelsuche abgerichteten Hunde zu beobachten, wie sie die Trüffel einige Zentimeter unter der Erde in Windeseile aufspürten. Die Hunde freuten sich über ihre Belohnungswürste, während Peter und seine Familie strahlend vor Begeisterung die »schwarzen Diamanten« kiloweise ausgruben.

Die **Sommertrüffel** (*T. aestivum* oder auch *Scorzone*) wächst in vielen Gegenden Europas. Sie gedeiht in Symbiose mit verschiedenen Bäumen (meist Eichen) und hat eine warzige Außenhaut, mit der sie an die schwarze Trüffel erinnert. Ihr Aroma ist allerdings deutlich feiner.

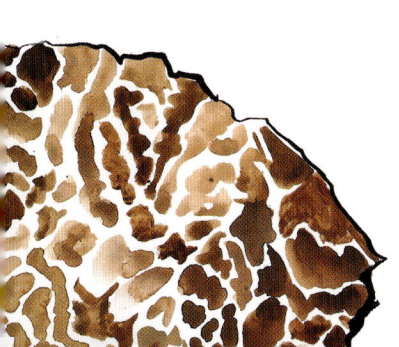

STRUDEL DI FUNGHI
Pilz-Strudel

Als Student verbrachte ich eine wundervolle Zeit in Wien, wo ich studierte, aber auch immer auf der Suche nach neuen Nahrungsmitteln und Spezialitäten war. Besonders beeindruckt war ich vom Apfelstrudel, den die Wiener auf meisterhafte Weise zubereiten. Erst Jahre später kam mir die Idee, einen herzhaften Strudel mit Pilzfüllung zu kreieren. Das Ergebnis ist wirklich lecker!

Backofen auf 200 °C vorheizen.

Es werden insgesamt 12 Blätter Filoteig benötigt (notfalls einige Blätter durchschneiden). Jeweils drei Filoteigblätter mit zerlassener Butter bepinseln und übereinanderlegen. Vier solche Stapel aus jeweils drei Filoteigblättern herstellen.

Für die Füllung die Butter in einem Topf erhitzen und die Zwiebel darin in etwa 10 Minuten weich braten. Pilze und Muskatnuss dazugeben und unter Rühren 3 bis 4 Minuten mitbraten. Den Sherry dazugeben und einige Minuten sprudelnd kochen lassen, bis die Flüssigkeit etwas reduziert ist. Maisstärke und gewaschene, trocken geschüttelte Majoranblätter untermischen und mit Salz und Pfeffer würzen. Gut umrühren und abkühlen lassen.

Ein großes Backblech mit Butter einfetten und die vier Filoteigstapel einzeln darauflegen. Die Teigränder mit verquirltem Ei bepinseln und je ein Viertel der Pilzfüllung in die Mitte der Teigstapel geben. Den Parmesan möglichst gleichmäßig über die Füllung verteilen. Die Teigblätter jeweils zu einem Strudel aufrollen. Die Nahtstellen mit verquirltem Ei bepinseln und fest zusammendrücken. Jede Teigrolle umdrehen, sodass die Nahtstelle unten liegt. Die Oberseite der Strudel mit verquirltem Ei bepinseln und die Strudel im vorgeheizten Backofen in etwa 15 Minuten goldbraun backen.

ERGIBT 4 STRUDEL

—200 g Filoteig (12 Blätter)
—60 g Butter, zerlassen, und etwas Butter für das Blech
—1 mittelgroßes Ei, verquirlt, zum Bepinseln

FÜLLUNG
—40 g Butter
—1 mittelgroße Zwiebel, geschält und fein gewürfelt
—500 g küchenfertige Wild- und Kulturpilze
—frisch geriebene Muskatnuss
—1 EL trockener Sherry
—1 EL Maisstärke
—Blätter von 1 Stängel frischem Majoran
—Salz
—frisch gemahlener Pfeffer
—30 g frisch geriebener Parmesan

Kulturpilze

FRITTO MISTO DI FUNGHI
Gemischte frittierte Pilze

Italiener lieben Frittiertes. Im Piemont gibt es ein *Fritto misto* aus mindestens 13 verschiedenen Fleisch- und Gemüsesorten. Alles, was sich in Scheiben schneiden, panieren und braten lässt, ist hierbei willkommen, und natürlich auch Pilze. Für dieses besondere *Fritto* sollte man möglichst etwas größere Pilze verwenden. Die Italiener nutzen hierfür meist Steinpilze (*Porcini*). Doch auch andere Mischungen aus Wild- und Kulturpilzen – etwa Maronenröhrlinge, Champignons oder Portobello-Riesenchampignons – erfüllen ihren Zweck.

Die Pilzkappen mit einem feuchten Tuch abwischen und in 6 bis 7 Millimeter dicke Scheiben schneiden. Die Scheiben erst im Mehl, dann im Ei und zum Schluss im Paniermehl wenden.

Das Öl in einer Pfanne heiß werden lassen und die Pilzscheiben einige Minuten darin anbraten, bis sie auf einer Seite braun sind, dann wenden und auf der anderen Seite braten. Auf Küchenpapier abtropfen lassen, mit Salz und Pfeffer würzen und, mit Zitronenspalten garniert, heiß servieren.

FÜR 4 PERSONEN

- 4 große küchenfertige Portobello-Kappen (600–700 g)
- etwas Mehl zum Bestäuben
- 1 großes Ei, verquirlt
- 80 g Paniermehl
- 5 EL natives Olivenöl extra
- Salz
- frisch gemahlener Pfeffer
- 2 unbehandelte Zitronen, in Spalten geschnitten

Kulturpilze

FUNGHI CON POLENTA
Polenta mit Pilzen

Dieses Gericht ist ein Klassiker der italienischen Küche. *Porcini* (Steinpilze) sind mein Favorit – ob im Herbst im Risotto, mit Pasta oder wie hier mit Polenta. Wenn Sie frische Steinpilze bekommen können, sollten Sie sie in diesem Rezept auch unbedingt verwenden. Sind jedoch keine Steinpilze aufzutreiben, können Sie stattdessen auch die köstlichen braunen Champignons aus dem Supermarkt verwenden, für etwas mehr Aroma eventuell gemischt mit einigen getrockneten *Funghi porcini*. In der Saison findet man dieses Gericht in kleinen Bergdörfern in jedem zweiten Restaurant.

Die Champignons mit einem feuchten Tuch abwischen und in Scheiben schneiden (nicht schälen!). Die *Funghi porcini* über einem Sieb abgießen und abtropfen lassen. Fein hacken. (Einweichwasser auffangen und für eine Suppe verwenden.)

Das Olivenöl in einer großen Pfanne erhitzen, Knoblauch, Champignons und fein gehackte *Funghi porcini* hineingeben. Alles 5 bis 10 Minuten sehr sanft braten. Die Tomaten dazugeben, mit Salz und Pfeffer würzen und alles noch 10 bis 15 Minuten köcheln lassen.

Die Polenta weich garen, auf Teller verteilen, die Pilzsauce danebengeben und jede Portion mit Parmesan bestreuen.

FÜR 4 PERSONEN

—1 Grundrezept *Polenta concia* (siehe Seite 209)
—40 g frisch geriebener Parmesan

SAUCE
—300 g frische braune Champignons
—10 g getrocknete Steinpilze (*Funghi porcini*), in heißem Wasser eingeweicht
—4 EL natives Olivenöl extra
—2 Knoblauchzehen, geschält und fein gewürfelt
—1 Dose stückige Tomaten (400 g)
—Salz
—frisch gemahlener Pfeffer

FILLETI DI SOGLIOLA CON FINFERLI
Dover-Schollen-Filet mit Pfifferlingen

Ich lebe sehr gerne in England, da es hier so viele wundervolle Lebensmittel gibt. Eines davon ist die Dover-Scholle – wahrscheinlich eine der besten Fischarten, die man überhaupt essen kann. Normalerweise bereite ich sie *à la meunière* (nach Müllerinnen-Art) zu, in Mehl gewendet und in Butter goldbraun gebraten, und ganz besonders liebe ich den knusprigen Rand. Ich entgräte den Fisch auch gern selbst, denn das allein ist schon das halbe Vergnügen.

Geschmacklich ergänzen sich Scholle und Pfifferlinge sehr gut, doch die Kombination ist pure Dekadenz.

Den Fisch putzen und filetieren, sodass er auf beiden Seiten gehäutet ist und vier Filets entstehen. Die Fischfilets im Mehl wenden. Die Hälfte der Butter in einer großen Pfanne zerlassen und die Filets darin in zwei Portionen etwa 8 Minuten auf jeder Seite sehr sanft braten, bis sie schön goldbraun sind. Mit Salz und Pfeffer würzen und warm halten.

In einer weiteren Pfanne die restliche Butter zerlassen und die Frühlingszwiebeln darin einige Minuten anbraten. Die Pfifferlinge dazugeben und noch etwa 8 Minuten mitbraten. Mit Salz und Pfeffer würzen. Die Fischfilets auf vorgewärmten Tellern mit den Pfifferlingen als Beilage servieren.

FÜR 4 PERSONEN

—2 große Dover-Schollen
—etwas Mehl zum Wenden
—100 g Butter
—Salz
—frisch gemahlener Pfeffer
—2 Frühlingszwiebeln, in sehr feine Ringe geschnitten
—250 g küchenfertige frische Pfifferlinge

Wildpilze

FUNGHI MISTI SALTATI
Gemischte sautierte Pilze

Dieses Gericht koche ich jedes Mal, wenn ich vom Pilzesammeln zurückkomme und unterschiedliche Pizsorten im Korb habe. Einen Moment lang überlege ich dann zwar noch, ob ich eine Suppe oder Fritters daraus machen soll. Doch immer wieder bereite ich dieses herrliche Pfannengericht zu. Manchmal serviere ich es auf Toast, manchmal mit Polenta. Das Einzige, was sicher ist, ist, dass diese Pilze einfach köstlich sind.

Butter oder Öl in einer großen Pfanne erhitzen. Den Knoblauch dazugeben und etwa 5 Minuten extrem sanft anbraten, bis er gerade so weich ist. Die Pilze hinzufügen und unter Rühren etwa 5 Minuten mitbraten, sodass sie *al dente* und nicht zu weich sind. Zum Schluss mit Salz und Pfeffer würzen und die Petersilie hinzufügen.

Auf *Bruschetta* servieren und noch warm genießen.

FÜR 4–6 PERSONEN

—50 g Butter oder 3 EL natives Olivenöl extra
—2 große Knoblauchzehen, geschält und zerdrückt
—500 g küchenfertige gemischte Wildpilze oder Kulturpilze
—Salz
—frisch gemahlener Pfeffer
—2 EL frische glatte Petersilie, fein gehackt

ZUM SERVIEREN
—4–6 Scheiben *Bruschetta* (siehe Seite 119)

Die genialste Kombination von Zutaten direkt aus der Natur ist für mich Wildfleisch mit Morcheln. Im folgenden Rezept habe ich Rehfilet verwendet. Morcheln sind nicht leicht zu finden, aber man kann sie auch getrocknet kaufen. Wenn man sie in Wasser einweicht, quellen sie wieder zu ihrer ursprünglichen Größe auf. Nach dem Einweichen untersuche ich sie immer gründlich auf kleine Steinchen oder Ähnliches, denn unter der länglichen Kappe dieses Pilzes, die innen hohl ist, sammeln sich oft Fremdkörper an. Ich serviere dazu gerne getrüffeltes Kartoffelpüree (siehe Seite 113), was ein königliches Mahl ergibt.

Das Rehfilet in 12 gleich große Medaillons schneiden.

Die Morcheln über einem Sieb abgießen und, falls nötig, säubern. Die Butter in einer mittelgroßen Pfanne erhitzen und Frühlingszwiebeln sowie Morcheln 5 bis 6 Minuten darin anbraten.

Die Medaillons im Mehl wenden. Das Olivenöl in einer zweiten, mittelgroßen Pfanne erhitzen und die Medaillons mitsamt den gewaschenen, trocken geschüttelten Salbeiblättern darin auf beiden Seiten höchstens 2 Minuten braten, bis das Fleisch zu bräunen beginnt. Herausnehmen und auf einen Teller legen.

Brandy und Balsamico zu den Morcheln geben und mit Salz und Pfeffer würzen.

Die Medaillons und den Salbei zu den Morcheln geben. Den Bratsatz aus der Pfanne kurz mit etwas Brühe ablöschen, aufkochen lassen und sorgfältig vom Pfannenboden lösen. Den Bratsatz über die restlichen Zutaten geben und das Gericht mit Salz und Pfeffer abschmecken. Sofort servieren.

FÜR 4 PERSONEN

- 450 g Rehfilet (am Stück)
- 30 g getrocknete Morcheln, 30 Minuten in warmem Wasser eingeweicht
- 50 g Butter
- 2 Frühlingszwiebeln, in Ringe geschnitten
- etwas Mehl zum Wenden
- 4 EL natives Olivenöl extra
- 8 frische Salbeiblätter
- 2 EL Brandy
- 1 EL gereifter Balsamico
- Salz
- frisch gemahlener Pfeffer
- etwas Fleisch- oder Hühnerbrühe

Wildpilze

ZUPPA DI FUNGHI MISTI
Waldpilz-Suppe

Diese Suppe ist äußerst schmackhaft. Ich mag sie am liebsten mit viel Textur, daher püriere ich sie auch nicht. Üblicherweise verwende ich hierfür eine Mischung aus Wildpilzen. Sie können jedoch auch gemischte Kulturpilze verwenden und für mehr Aroma einige getrocknete *Funghi porcini* (Steinpilze) dazugeben. Ob aus Wild- oder Kulturpilzen – diese Suppe ist ein wärmendes Wohlfühlgericht und eignet sich hervorragend als Vorspeise.

Die frischen Pilze säubern und in dünne Scheiben schneiden. Die eingeweichten *Funghi porcini* über einem Sieb abgießen (Einweichwasser auffangen und beiseitestellen), abtropfen lassen und fein hacken.

Das Olivenöl in einem großen Topf erhitzen und die Zwiebel darin in etwa 10 Minuten weich braten. Die in Scheiben geschnittenen Pilze und die gehackten *Funghi porcini* dazugeben und etwa 8 Minuten mitbraten. Maisstärke, Brühe und das Einweichwasser hinzufügen und alles gut mischen. Etwa 30 Minuten köcheln lassen. Mit Salz und Pfeffer abschmecken.

Für eine Cremesuppe die Suppe in einem Standmixer oder einer Küchenmaschine pürieren und eventuell einige Esslöffel Crème double hinzufügen.

Mit Petersilie und Parmesan bestreuen und servieren. Dazu passt geröstetes Weißbrot.

FÜR 4 PERSONEN

— 300 g küchenfertige gemischte Wild- und Kulturpilze
— 10 g getrocknete Steinpilze (*Funghi porcini*), in heißem Wasser eingeweicht
— 4 EL natives Olivenöl extra
— 1 Zwiebel, geschält und fein gewürfelt
— ½ EL Maisstärke
— 1 ½ l Hühner- oder Gemüsebrühe
— Salz
— frisch gemahlener Pfeffer
— ggf. etwas Crème double
— 2 EL frische glatte Petersilie, fein gehackt
— 50 g frisch geriebener Parmesan

TAGLIOLINI CON GALLETTI E ANIMELLE
Tagliolini mit Pfifferlingen und Kalbsbries

Tagliolini sind die kleinste Form von *Tagliatelle*, oft handgemacht aus frischem Pastateig mit Ei. Wegen ihres feinen Geschmacks kombiniert man sie gerne mit Trüffeln, Hähnchenleber oder Meeresfrüchten. In diesem Rezept kommen feinstes Kalbsbries und leuchtend gelbe Pfifferlinge hinzu.

Für die Sauce das Kalbsbries etwa 2 Minuten in einem Topf mit ausreichend kochendem Salzwasser blanchieren, über einem Sieb abgießen, abtropfen und abkühlen lassen. Sämtliche Sehnen entfernen und das Fleisch klein schneiden.

Funghi porcini über einem Sieb abgießen (Einweichwasser auffangen und beiseitestellen), abtropfen lassen und fein hacken.

Olivenöl und Butter in einer großen Pfanne erhitzen und die Zwiebel darin etwa 10 Minuten unter Rühren anbraten. Die gehackten *Funghi porcini*, Kalbsbries und Wein hinzufügen und alles etwa 5 Minuten weiterbraten. Pfifferlinge und Petersilie dazugeben und noch etwa 5 Minuten mitbraten. Etwas Einweichwasser dazugießen. Nach Geschmack mit Salz und Pfeffer würzen.

Die Pasta in einem Topf mit ausreichend kochendem Salzwasser *al dente* garen, über einem Sieb abgießen und abtropfen lassen und mit der Sauce mischen. Auf vorgewärmte Teller geben und mit Parmesan bestreut servieren.

FÜR 4 PERSONEN

—300 g frische *Tagliolini* (oder 250 g getrocknete *Tagliolini*)
—Salz
—20 g frisch geriebener Parmesan

SAUCE
—300 g Kalbsbries
—Salz
—25 g getrocknete Steinpilze (*Funghi porcini*), in heißem Wasser eingeweicht
—3 EL natives Olivenöl extra
—25 g Butter
—1 kleine Zwiebel, geschält und fein gewürfelt
—125 ml trockener Weißwein
—200 g Pfifferlinge, gesäubert und grob gehackt
—2 EL frische glatte Petersilie, fein gehackt
—frisch gemahlener Pfeffer

UOVA IN TEGAME CON TARTUFO NERO

Gebackene Eier mit schwarzer Trüffel

Jedes Jahr gönne ich mir dieses kleine Weihnachtsfestmahl – gebackene Eier mit Trüffeln. Die Saison für schwarze Trüffeln reicht ungefähr von September bis Februar. Sie schmecken nicht ganz so intensiv wie ihre weißen Verwandten, sind aber dennoch ein großer Genuss. Außerdem sind sie nicht ansatzweise so teuer wie die weißen. Wenn Sie an eine schwarze Trüffel kommen, raspeln Sie etwas davon vor dem Servieren über die Eier. Ersatzweise können Sie, wie hier im Rezept vorgeschlagen, auch Trüffelbutter oder Trüffelöl verwenden. Beides ist vergleichsweise preisgünstig im Feinkostladen erhältlich.

PRO PERSON

- ½ EL Trüffelbutter
- 2 mittelgroße Eier
- 3 EL Crème double
- einige Tropfen Trüffelöl
- etwas frisch gemahlener Pfeffer

Backofen auf 200 °C vorheizen.

Ein 7,5 Zentimeter großes Soufflé- oder Ramequin-Förmchen mit Trüffelbutter einfetten. Die Eier aufschlagen und hineingeben. Die Crème double hinzufügen und die Mischung im vorgeheizten Backofen 6 bis 7 Minuten backen, bis das Eiweiß fest ist, die Eigelbe jedoch noch flüssig sind.

Die Form aus dem Ofen holen, einige Tropfen Trüffelöl und etwas Pfeffer auf die gebackenen Eier geben und zum Frühstück oder als luxuriöse Vorspeise servieren.

FÜR 1 PERSON

CARNE ALL'ALBESE CON MAGNATUM
Rindercarpaccio mit Trüffeln

Dieses typisch piemontesische Rezept wird mit weißer Alba-Trüffel zubereitet. Dieser exklusive Pilz wächst nur in wenigen Gegenden der Welt (nicht nur in Italien) und kann Preise von bis zu 10.000 Euro pro Kilo erreichen! Man braucht jedoch nur eine ganz kleine Menge, um einem Gericht das charakteristische Trüffelaroma zu verleihen.

Ende 2015 habe ich für eine australische TV-Serie ein *Carpaccio* aus Kängurufilet zubereitet. Dort gab es zwar keine Trüffeln, doch die Kombination wäre perfekt gewesen!

Die Rinderfiletscheiben oder -medaillons zwischen zwei Lagen Backpapier sehr flach klopfen.

Das *Carpaccio* auf Tellern anrichten. Mit einigen Tropfen Trüffelöl, Olivenöl und Zitronensaft beträufeln. Etwas frische Trüffel darüberraspeln und mit Salz und Pfeffer würzen. Mit getoastetem gutem Brot als Vorspeise genießen.

FÜR 4 PERSONEN

- 280 g Rinderfilet, in 12 Scheiben oder Medaillons geschnitten
- einige Tropfen Trüffelöl
- 2 EL natives Olivenöl extra
- Saft von 1 Zitrone
- etwas weiße Trüffel
- Salz
- frisch gemahlener Pfeffer

REGIONEN ITALIENS

1. PIEMONT
2. AOSTATAL
3. LOMBARDEI
4. TRENTINO-ALTO ADIGE
5. VENETIEN
6. FRIAUL-JULISCH VENETIEN
7. LIGURIEN
8. EMILIA-ROMAGNA
9. TOSKANA
10. UMBRIEN
11. MARKEN
12. LATIUM
13. ABRUZZEN
14. MOLISE
15. KAMPANIEN
16. APULIEN
17. BASILIKATA
18. KALABRIEN
19. SIZILIEN
20. SARDINIEN

Neben den meisten Rezepten in diesem Buch finden Sie eine Karte Italiens mit Hinweis auf die Region, aus der das jeweilige Rezept stammt, markiert durch einen dunkleren Grünton. Die großformatigere Italienkarte auf dieser Seite zeigt alle erwähnten Regionen. Findet sich bei einzelnen Rezepten keine Karte, können diese keiner bestimmten Region Italiens zugeordnet werden.

Die italienische Küche ist eine regionale Küche. Dies ist auch darauf zurückzuführen, dass das Land erst seit 1861 eine politische Einheit bildet. Zuvor umfasste es unterschiedliche (oft verfeindete) Regionen, Staaten und Städte. Bezüglich Sitten und Gebräuchen, Politik und kulinarischer Tradition bestanden zwischen den einzelnen Nachbarregionen teilweise starke Unterschiede. Die entscheidendste Rolle bei den kulinarischen Traditionen spielte jedoch – bis in die heutige Zeit – die Geografie. So hat Italien eine über 2400 Kilometer lange Küste, und Fisch und Meeresfrüchte sind in den an das Mittelmeer grenzenden Regionen von größerer Bedeutung als in solchen, die im Binnenland liegen. Daneben ist Italien aber auch fast gänzlich von Bergen und Gebirgszügen durchzogen. So erstreckt sich der Apennin, der Hauptgebirgszug des Landes, vom Piemont im Norden bis weit nach Kalabrien im Süden. Unterschiedliche kulinarische Stile sind allein schon durch die Ausdehnung des Landes – vom alpinen Norden bis hin zum »Zeh« des italienischen »Stiefels« – vorgegeben: Im Norden ist die Küche durch die deutschsprachigen Länder und das kältere Wetter beeinflusst. Die Küche des sonnenverwöhnten Südens hingegen ist eher mediterran und orientiert sich an den südlicheren Nachbarn in Griechenland und Nordafrika, wo viel mit Olivenöl gekocht wird.

DANKSAGUNG

Wie gemeinhin üblich, ist kein Buch nur das Werk des Autors. Neben einer Menge an Recherchen und dem Schreiben des Buches mit einem Bleistift (genau wie ich meine 23 vorherigen Bücher geschrieben habe, denn ich mag keine Textverarbeitung!) bedurfte ich der Mitarbeit einer Reihe von Personen, denen ich viel zu verdanken habe.

Ein besonderes Dankeschön gebührt Sabine, die mich so enorm unterstützt hat. Dank auch an Pat White, für die Entwirrung von Verträgen, und Susan Fleming, meiner langjährigen und vertrauensvollen Redakteurin. Vielen Dank auch an Patricia und Georgina von Carlyle Consultants, Elinor, meine Assistentin, sowie den Verlag. Danke an Stefano und Dara, die mir geholfen haben, die Rezepte zu testen, und an Laura, die Fotografin, der es gelang, das Essen zum Leben zu erwecken.

Giacomo Castelvetro und Pellegrino Artusi waren meine Inspiration.

Die Originalausgabe erschien 2016 unter dem Titel *Vegetables* bei Quadrille Publishing, einem Imprint von Hardie Grant Publishing.

Quadrille Publishing
Pentagon House
52–54 Southwark Street
London SE1 1UN
www.quadrille.co.uk

Aus dem Englischen von Julia Paiva Nunes

1. Auflage 2018

Printed and bound in China

www.gerstenberg-verlag.de
ISBN 978-3-8369-2139-8